LES 100 MEILLEURES RECETTES

barbecue

LINDA DOESER

p

Photographies : Ian Parsons
Conseils : Sara Hesketh et Richard Green

Réalisation : *In*Texte Édition
Traduction : Marie-Line Hillairet, avec le concours de Nicolas Blot

ISBN : 1-40543-562-3

Imprimé en Malaisie

NOTE

Une cuillerée à soupe correspond à 15 à 20 g d'ingrédients secs et 15 ml
d'ingrédients liquides. Une cuillerée à café correspond à 3 à 5 g d'ingrédients secs
et 5 ml d'ingrédients liquides. Sans autres précisions, le lait est entier, les œufs sont
de taille moyenne et le poivre est du poivre noir fraîchement moulu.

Les temps indiqués dans les recettes ne sont donnés qu'à titre indicatif.
Les temps de préparation peuvent varier en fonction des techniques employées
et les temps de cuisson en fonction du four utilisé. Un four doit toujours
être préchauffé. En fonction des recettes, les temps de cuisson comprennent
les éventuels temps de réfrigération et de marinade.

Les valeurs nutritionnelles indiquées à chaque recette s'entendent par personne
ou par portion. Les calculs ne tiennent compte ni des ingrédients facultatifs,
ni des variantes et des suggestions de présentation.

Les recettes utilisant des œufs crus ou peu cuits sont déconseillés aux nourrissons,
aux personnes âgées, aux femmes enceintes, ainsi qu'aux personnes malades
ou convalescentes.

sommaire

introduction

Le barbecue ne constitue pas seulement une délicieuse façon de cuisiner en plein air ou une alternative séduisante aux pique-niques ; il est aussi synonyme de repas sains et de grands moments de détente. Un barbecue offre des solutions étonnantes et variées, aussi pour un déjeuner en famille que pour une réception estivale de vingt personnes. Laissez vos invités mettre la main à la pâte et composer eux-mêmes leur assiette ; les enfants peuvent vous aider, mais seulement sous votre contrôle.

L'invention du barbecue, d'origine très ancienne, est revendiquée par de nombreuses cultures. Bien que la viande constitue l'aliment privilégié des barbecues, les végétariens disposent eux aussi d'un choix de plats très variés. Ce livre propose des plats classiques ainsi que d'autres plus exotiques et insolites. Vous pouvez commencer par des plats simples, à base de saucisses, hamburgers et steaks, afin de vous familiariser avec votre barbecue. Lorsque vous vous sentirez plus à l'aise, expérimentez des préparations plus élaborées de viandes diverses, de légumes, de marinades, et toute une gamme de plats très divers. Avant de vous lancer dans un grand barbecue de fête, exercez-vous à cuisiner au gril de votre cuisinières. Le barbecue s'accommode de toutes sortes d'aliments : viandes, volailles, fruits de mer, légumes, tofu, desserts, pour n'en citer que quelques-uns. Préparez des brochettes, et accompagnez-les d'une sauce, concoctez des papillotes ou vos propres brochettes. Pommes en robe des champs et salades constituent les accompagnements traditionnels, mais libre à vous d'innover. Proposez divers assaisonnements ou garnitures que vos invités pourront déguster avec leurs pommes de terre – thon et mayonnaise, fromages frais aux fines herbes ou condiment au maïs. Pour rendre un barbecue attrayant, multipliez les salades – salade verte pour les inconditionnels et salade de pâtes, riz, tomates ou haricots pour ajouter de la couleur et élargir la palette des saveurs.

Les plats sucrés peuvent eux aussi se préparer au barbecue. Il suffit de les envelopper dans du papier d'aluminium pour éviter qu'ils ne prennent le goût des jus des viandes. Cette solution est également à retenir si l'un de vos convives est végétarien ; légumes et viandes se côtoient sans mêler leurs saveurs.

Vous pouvez préparer une fête d'anniversaire au barbecue pour des enfants, en fonction de leur âge bien sûr. S'ils sont très jeunes, il est plus sage de les éloigner complètement du barbecue, mais s'ils sont un peu plus âgés, ils vous aideront à composer le menu, à préparer et même à cuire certains plats. Un barbecue est aussi une manière agréable et originale de pimenter une fête ; les enfants adorent ça !

La plupart des cuisines du monde proposent au moins un plat au barbecue. Ce livre présente des recettes provenant du monde entier – des plats des Caraïbes avec les brochettes de poisson caraïbes (*voir* page 16), les kébabs de la Jamaïque (*voir* page 56) et le poulet jerk (*voir* page 61) ; des plats cajuns avec le poulet cajun (*voir* page 53) et les légumes cajuns plus inédits (*voir* page 147). Essayez aussi le thon à la mexicaine (*voir* page 30) ou les papillotes de rougets barbets à la grecque (*voir* page 33) si vous aimez les produits de la mer. Le poulet thaï (*voir* page 62) enchantera ceux qui apprécient les saveurs asiatiques et le poulet tikka (*voir* page 72) séduira les amateurs de cuisine indienne. Le canard aux fruits (*voir* page 82) et les coquelets papillon (*voir* page 84) sont des plats très alléchants qui impressionneront vos

convives, tandis que les déliceburgers (*voir* page 90) et le panaché de grillades (*voir* page 122), qui demandent peu de préparation, s'imposeront si vous manquez de temps. Vous trouverez des plats propres à satisfaire tous les palais – les brochettes de bœuf à l'indonésienne (*voir* page 101) pour les friands de viande en mal de nouveauté, et les hamburgers aux champignons (*voir* page 139) pour les végétariens.

En dessert, optez pour une simple glace à la vanille ou bien enchantez les papilles gustatives des plus gourmands avec des fruits au sirop d'érable (*voir* page 172) ou des bananes grillées (*voir* page 173).

types de barbecue

Différents types de barbecue sont en vente, aussi trouverez-vous celui qui répondra à vos besoins en taille et en mode d'utilisation. Si vous organisez un seul barbecue dans l'été, il est préférable d'acquérir un modèle de premier prix ou un barbecue jetable.

Si vous avez décidé de vous équiper d'un barbecue, n'hésitez pas à faire le tour des points de vente car les modèles sont nombreux et les prix varient énormément. Deux paramètres importants sont susceptibles d'influencer votre choix : le nombre de convives et la taille de votre jardin. La fumée risque-t-elle d'importuner vos voisins ? Pensez-vous construire un barbecue en briques intégré ? Quel est votre budget ? Quel combustible préférez-vous utiliser ? Réfléchissez au type de barbecue qui conviendra le mieux à votre mode de vie.

- Vous pouvez construire vous-même votre barbecue, qu'il soit temporaire ou permanent. Utilisez les matériaux qui sont à portée de main, sur la plage, votre lieu de pique-nique ou votre jardin. Quelques pierres ou briques avec des morceaux de bois en guise de combustible et une grille posée au-dessus fonctionnent très bien.
- Les barbecues jetables, parfaits pour un petit pique-nique, consistent le plus souvent en un plateau de carton aluminé surmonté d'une grille. Leur prix est modique et le combustible fourni dure environ 1 heure ; ils sont à usage unique.
- Les barbecues portatifs, très répandus, varient en taille et en prix. Légers, faciles à plier, ils se logent dans un coffre de voiture et sont parfaits pour les plus grands pique-niques à condition que la distance à parcourir à pied soit réduite. En outre, ils se nettoient aisément.
- Les barbecues « braseros » sont très appréciés. Même s'il est impossible de les utiliser pour un pique-nique, on peut les rentrer sous abri ou les déplacer à l'intérieur du jardin. Certains sont pourvus de pieds, d'autres de roulettes, mais assurez-vous surtout que le vôtre est à la bonne hauteur pour la personne chargée de la cuisson ; il arrive parfois qu'ils soient un peu bas. Si votre jardin est venté, un brasero ne sera peut-être pas le bon choix car c'est un barbecue ouvert (même si beaucoup sont équipés d'un capot protecteur). Certains sont pourvus d'étagères latérales qui se révèlent utiles pour poser et stocker les ustensiles.
- Les *hibachi* japonais, ou barbecues de table, sont peu onéreux, petits et faciles à transporter car ils sont maintenant fabriqués avec des matériaux légers qui remplacent la fonte de jadis. Le mot japonais *hibachi* signifie littéralement « boîte à feu ».
- Les barbecues à cuve ronde sont polyvalents et efficaces ; vous pouvez aussi les utiliser avec le couvercle pour fumer des aliments. Le grand couvercle protège du vent et sauvera votre soirée si le temps se met à la pluie. Il est possible de cuire de grosses pièces de viande ou des volailles entières sur ce type de barbecue qui, étant donné sa taille, se prête aisément à un usage familial. La viande cuit de manière uniforme et la chaleur se contrôle aisément grâce aux évents. C'est une solution idéale pour ceux qui ne souhaitent pas de barbecue intégré.
- Les barbecues à gaz ou électriques sont très efficaces et permettent d'économiser le temps nécessaire au chauffage du charbon de bois ; ils atteignent

la température souhaitée en seulement 10 minutes. C'est une solution intéressante si vous voulez utiliser votre barbecue pour un usage commercial, mais en contrepartie, assez onéreuse. Son fonctionnement ne présente pas de difficulté ; seul inconvénient, il ne produit pas le fumet traditionnel des aliments grillés au charbon de bois.

- Les barbecues fixes sont un excellent choix si vous prévoyez de recourir souvent à ce mode de cuisson. Vous leur donnez les dimensions souhaitées et ils ne sont pas nécessairement onéreux. Commencez par examiner votre jardin et par choisir le meilleur endroit, assez loin de votre maison et des voisins, mais le plus près possible près de la cuisine. Optez pour des matériaux simples, comme des briques ou des agglomérés, mais pensez à bâtir l'intérieur avec des briques réfractaires qui supportent les hautes températures. Vous pouvez installer des supports pour grilles à plusieurs hauteurs et un bac en métal pour le combustible. Vous pouvez aussi acheter des packs spéciaux contenant tous les éléments nécessaires.

types de combustibles

Il existe divers types de combustibles selon les barbecues ; il est donc recommandé de réfléchir à votre choix de combustible avant d'acheter le barbecue. Si vous n'aimez pas utiliser du charbon de bois ou du bois, un barbecue électrique ou à gaz sera plus approprié. Stockez votre combustible, quel qu'il soit, dans un endroit sec.

- Le charbon de bois en morceaux s'enflamme aisément mais brûle assez vite. On le trouve partout à un prix modique.
- Les briquettes de charbon de bois mettent parfois un certain temps à s'allumer mais elles brûlent longtemps en dégageant peu d'odeur ou de fumée. Elles sont idéales pour un petit jardin où le barbecue se trouve à proximité des fenêtres et des maisons voisines.
- Le charbon de bois auto-inflammable est du charbon de bois ordinaire, ou des briquettes de charbon de bois, enduit d'un produit chimique inflammable ; il est donc facile à allumer. Il faut cependant attendre que le produit soit consumé pour faire cuire les aliments car il risque de leur donner une saveur désagréable.

- Le bois de feuillu s'utilise aussi dans les barbecues. Le bois de chêne ou de pommier est parfait car il brûle lentement en dégageant une odeur agréable. Les bois tendres sont peu indiqués car ils brûlent trop vite et projettent des escarbilles. Si vous utilisez du bois, surveillez constamment votre feu pour obtenir une chaleur uniforme. Éloignez les objets en bois de votre barbecue à cause des étincelles.
- Les copeaux de bois et les herbes peuvent être ajoutés au feu sans être le combustible principal. Selon ce que vous cuisinez, des brins de romarin, de thym et de sauge donneront un goût agréable. Éparpillez-les sur le charbon chaud ou le bois, en dessous des aliments.

mise en route

L'allumage d'un barbecue s'effectue sans peine et sans stress si vous êtes bien préparé et avez fait provision de combustible. Si vous utilisez du charbon de bois auto-inflammable, suivez toujours les indications figurant sur l'emballage. Pour réussir votre barbecue, observez scrupuleusement les étapes suivantes :

1 Chemisez de papier d'aluminium la base de votre barbecue, sous le foyer, cela facilitera le nettoyage et permettra au fond du barbecue de rester chaud.

2 Étalez une couche de combustible sur le foyer. Prévoyez de petits morceaux dessous et de plus gros dessus. La couche de charbon de bois ou de bois doit mesurer 5 cm d'épaisseur et former une petite pyramide au centre.

3 Les allume-feux solides et liquides sont recommandés car très efficaces. Placez 1 ou 2 cubes au centre de la pyramide ou versez quelques cuillerées à soupe de liquide dans le combustible et laissez pénétrer 1 minute. Allumez votre barbecue avec une longue allumette et laissez brûler 15 minutes. Étalez le charbon de bois en couche uniforme et laissez brûler 40 minutes, jusqu'à ce qu'il soit rougeoyant et assez chaud pour

débuter la cuisson. Étalez les braises sur une surface légèrement supérieure à celle que vous utiliserez pour cuire les aliments. N'ajoutez jamais de liquide allume-feu, d'alcool à brûler ou d'essence.

4 Pour régler la chaleur d'un barbecue une fois que les braises sont prêtes, montez ou baissez la grille. Si votre barbecue est équipé d'évents, ouvrez-les pour augmenter la température ou fermez-les pour la réduire. Vous pouvez aussi pousser les braises au centre pour une chaleur plus intense à cet endroit et la diminuer sur le pourtour où vous réserverez les aliments déjà cuits.

attention, sécurité maximale !

La cuisine au barbecue est sans danger si vous faites preuve de bon sens. Ne soyez pas trop ambitieux si vous êtes novice et restez prudent.

- Assurez-vous que votre barbecue est stable et installé sur une surface plane avant de l'allumer. Une fois allumé, ne le déplacez pas.

- Éloignez votre barbecue des arbres et des buissons ; taillez plutôt un buisson au lieu de bouger le barbecue. Notez d'où vient le vent avant d'allumer votre barbecue.

- N'ajoutez aucun liquide inflammable pour accélérer l'allumage du barbecue. Utilisez seulement des produits réservés à cet usage tels que des allume-feux solides ou liquides. Rappelez-vous que certains combustibles nécessitent du temps pour dégager de la chaleur.

- Utilisez seulement les combustibles recommandés pour votre barbecue en lisant les indications figurant sur le mode d'emploi. Certains combustibles ne conviennent pas à certains types de barbecue.

- Prévoyez toujours un seau d'eau à proximité au cas où le feu ne pourrait être maîtrisé. Si votre barbecue est équipé d'un couvercle, il sera plus facile d'éteindre les flammes.

- La graisse qui s'écoule de la viande enflamme parfois le charbon. Dégraissez la viande avant de la faire cuire et secouez-la ou raclez-la pour éliminer l'excès de marinade.

- Pour prévenir la salmonellose, la listériose et les intoxications alimentaires, veillez à bien cuire la viande, en particulier le porc et les saucisses, ainsi que le poulet et la dinde : la chair ne doit pas être rosée et si vous la piquez avec une lame de couteau, le jus doit être clair.

- Si la journée est chaude, conservez les denrées périssables au réfrigérateur jusqu'au moment de servir. Sinon, vous pouvez les stocker à l'extérieur dans un sac isotherme garni de poches de glace. Les aliments qui se dégradent vite et peuvent être source d'intoxications sont la viande, le yaourt et la mayonnaise.
- Ne réchauffez pas la volaille refroidie. Quand vous servez le repas, assurez-vous que la viande est bien cuite ; sinon, remettez-la à cuire avant qu'elle ne refroidisse.
- Séparez les salades et les aliments cuits de la viande crue et lavez-vous les mains après avoir manipulé de la viande crue. Utilisez des planches à découper, des plats de service et des ustensiles différents pour la viande crue.
- Éloignez les animaux des aliments et du barbecue afin d'éviter la contamination et les accidents. Couvrez les aliments d'une étamine ou d'un torchon pour les protéger des insectes. N'utilisez pas le même torchon pour couvrir la viande crue et la salade.
- Éloignez les enfants du barbecue et informez-les des dangers qu'il présente. Prévoyez toujours un adulte pour s'occuper des enfants pendant que vous officiez au barbecue.
- N'utilisez pas de barbecue si vous avez bu et éloignez les alcools forts du foyer car ils sont parfois inflammables.
- Servez-vous d'ustensiles à long manches et posez-les à portée de main pour ne pas avoir à quitter le barbecue. Prévoyez aussi des maniques ou autres gants ignifugés.

matériel et ustensiles

Les gants ignifugés sont d'une réelle utilité car le barbecue devient vite très chaud. Les brochettes peuvent vous brûler les doigts, même si elles sont en bois ou en bambou. Évitez les ustensiles en plastique qui risquent de fondre à la chaleur. Les ustensiles en métal sont les plus appropriés mais rappelez-vous qu'ils peuvent devenir très chauds. Achetez des ustensiles de bonne qualité – prévoyez un assortiment assez large, notamment des cuillères, des fourchettes et des pelles à poisson à long manche spécialement conçus pour le barbecue. Pensez également à une paire de pinces, à un pinceau pour badigeonner la viande et à un instrument pour gratter les sucs ou restes d'aliments collés sur la grille. Pour empêcher les aliments d'attache,r les brochettes en métal peuvent être graissées à l'aide de papier absorbant imbibé d'huile. Les brochettes en bois ou en bambou doivent être trempées dans l'eau froide au moins 30 minutes avant usage pour les empêcher de brûler. Les grilles à poisson sont pratiques pour retourner les poissons entiers sans risquer de les briser ; elles existent en différentes tailles et formes.

aliments pour barbecue

Commencez par un barbecue classique avec des ingrédients traditionnels tels que les saucisses, les hamburgers, les pilons de poulet, les côtelettes et les steaks. Les aliments simples sont souvent les mieux indiqués pour les enfants et les grands groupes. Les saucisses renferment souvent de la graisse ; piquez-les à l'aide d'une fourchette avant la cuisson pour éviter qu'elles n'éclatent mais surveillez la graisse qui, en s'écoulant sur les braises, risque de s'enflammer. Il est facile de confectionner des hamburgers à la maison. Ne préparez pas vos ingrédients plus d'un jour avant de les faire cuire – bien que les hamburgers ou les saucisses puissent être congelés. Décongelez complètement la viande crue avant de la faire cuire.

Les steaks sont faciles à faire cuire et les invités prendront plaisir à préparer le leur. Veillez seulement à ce qu'il n'y ait pas trop de monde autour du barbecue. Dégraissez les steaks, ce sera plus sain et la graisse ne s'écoulera pas. Préparez les côtelettes de la même manière ; le temps de cuisson sera toutefois plus long, en particulier si elles ne sont pas désossées. Les côtes de porc, notamment, doivent être bien cuites – 15 à 20 minutes pour une côte de 2,5 cm d'épaisseur. Vérifiez la cuisson.

De nombreuses variétés de poisson se cuisent au barbecue, steaks de thon ou darnes de saumon, sardines ou filets de maquereau.

Choisissez des darnes de poisson de même épaisseur afin d'obtenir une cuisson uniforme. Essayez les darnes de saumon arrosées de jus de citron et parsemées d'herbes, ou servies avec une noix de beurre à l'aneth. Les darnes ont tendance à se déliter, c'est pourquoi il est préférable de les cuire en papillote ; en outre, elles restent moelleuses et ne risquent pas de brûler. Les brochettes de poisson sont aussi excellentes au barbecue ; il faut simplement choisir un poisson ferme, comme le cabillaud ou la lotte qui ne se déliteront pas. Le cabillaud, idéal pour les brochettes, s'accompagne à merveille d'une marinade épicée au goût corsé. Les poissons gras (sardines ou maquereaux, par exemple) cuisent bien au barbecue et ne se dessèchent pas.

Pensez à vous laver les mains et à nettoyer les ustensiles après avoir manipulé de la viande crue et d'autres ingrédients. Ainsi, ne déposez pas une noix de beurre sur un poulet en train de cuire avec le couteau qui servira à beurrer une tartine de pain. Prenez des précautions quand vous faites cuire des aliments pour les jeunes enfants, les femmes enceintes et les personnes âgées, particulièrement sensibles aux intoxications alimentaires. Le poulet et les œufs crus risquent de véhiculer des salmonelles ; la mayonnaise et les autres sauces à base d'œuf doivent être traitées avec autant de précaution que la viande crue.

temps de cuisson

Il est difficile de donner des temps de cuisson précis pour la cuisine au barbecue ; les indications ci-après donnent des informations approximatives, mais néanmoins utiles. Avant de débuter la cuisson, assurez-vous que le barbecue est très chaud et la grille placée à la bonne hauteur. Pour mesurer la température, placez votre main au-dessus de la grille ; si vous pouvez l'y laisser 2 à 3 secondes seulement, le barbecue est assez chaud pour griller la viande – si vous pouvez la laisser plus longtemps, le barbecue n'est pas assez chaud. La plupart des aliments, notamment les steaks, doivent être retournés une ou deux fois en cours de cuisson ; les saucisses et les brochettes doivent l'être plus fréquemment pour griller de manière uniforme. Ne laissez pas cuire les aliments sans les surveiller.

bœuf

- Les steaks de 2,5 cm d'épaisseur cuisent en 8 minutes au-dessus de braises chaudes. Comptez 5 minutes si vous aimez la viande saignante et 12 minutes si vous la préférez bien cuite.
- Les hamburgers de 2 cm d'épaisseur doivent cuire environ 6 à 8 minutes.
- Les brochettes garnies de cubes de bœuf de taille moyenne doivent rester 7 minutes au-dessus de braises très chaudes.

agneau

- Les tranches de gigot doivent cuire 10 à 15 minutes au-dessus de braises pas trop chaudes. Si leur épaisseur est supérieure à 2 cm, augmentez le temps de cuisson ou aplatissez un peu la viande avec un maillet de cuisine.
- Les côtelettes de 2,5 cm d'épaisseur doivent cuire 15 minutes au-dessus de braises pas trop chaudes.
- Les brochettes garnies de cubes d'agneau de 2,5 cm doivent rester 8 à15 minutes au-dessus de braises pas trop chaudes.

porc

- Laissez cuire les côtelettes de porc 15 à 20 minutes au-dessus de braises pas trop chaudes et vérifiez la cuisson. Si leur épaisseur dépasse 2 cm, augmentez le temps de cuisson.
- Les brochettes de cubes de porc de 2,5 cm cuisent en 15 minutes au-dessus de braises pas trop chaudes.
- Le travers de porc, d'ordinaire assez épais, nécessite 40 minutes de cuisson au-dessus de braises pas trop chaudes pour être cuit à point.

- Les grosses saucisses demandent 10 minutes de cuisson au-dessus de braises pas trop chaudes ; diminuez le temps de cuisson si elles sont plus minces.

poulet

Au-dessus de braises pas trop chaudes :

- Les quartiers, les cuisses et les ailes avec leurs os doivent cuire 35 minutes.
- Les pilons doivent cuire de 25 à 35 minutes, jusqu'à ce que la partie la plus charnue rende un jus clair lorsque vous la piquez avec la pointe d'un couteau. Si les pilons sont très gros, augmentez le temps de cuisson.
- Les blancs entiers resteront 15 à 20 minutes.
- Les brochettes garnies de cubes de 2,5 cm cuiront en 10 minutes.

poissons et fruits de mer

- Il est possible de faire cuire de gros poissons entiers au barbecue au-dessus d'un feu peu ou moyennement vif. Comptez 10 minutes par épaisseur de 2,5 cm.
- Pour les petits poissons entiers, jusqu'à 1 kg, comptez 15 à 20 minutes au-dessus de braises pas trop chaudes.
- Les sardines entières resteront 5 à 7 minutes au-dessus de braises pas trop chaudes.
- Les darnes de poisson, saumon ou thon par exemple, ou les filets de 2 cm d'épaisseur au maximum, resteront de 6 à 10 minutes au-dessus de braises pas trop chaudes.
- Les brochettes de poisson garnies de cubes de 2,5 cm resteront 7 minutes au-dessus de braises pas trop chaudes.
- Les crevettes roses non décortiquées cuiront en 7 minutes au-dessus de braises pas trop chaudes si elles sont grosses. Il est conseillé de piquer les plus petites sur des brochettes. Les grosses crevettes décortiquées cuisent un peu plus vite.
- Les coquilles Saint-Jacques ou les moules dans leur coquille doivent cuire au-dessus de braises pas trop

chaudes jusqu'à ouverture. Jetez les coquillages qui ne s'ouvrent pas.
- Les fruits de mer sans leur coquille doivent cuire 7 minutes au-dessus de braises pas trop chaudes.

cuisson à la broche

Si vous avez la chance d'avoir un barbecue équipé d'une broche, vous l'apprécierez quand vous cuisinerez pour de nombreux invités. Si vous recevez beaucoup en été et possédez déjà un barbecue, vous gagnerez du temps et de l'énergie en cuisinant à la broche et pourrez vous consacrer entièrement à vos hôtes. En effet, il suffit de piquer la pièce de viande sur la broche et de la laisser cuire sans oublier de l'arroser fréquemment de jus afin qu'elle grille de façon uniforme. Ce mode de cuisson donne un résultat sain et savoureux.

- Les rôtis de bœuf d'un poids inférieur à 1,5 kg, pris dans le rumsteak ou la surlonge par exemple, cuiront très bien à la broche en 2 ou 3 heures selon leur grosseur.
- Une épaule d'agneau roulée de 1,5 kg cuira en 1 heure à 1 h 30 selon la cuisson que vous préférez.
- Les rôtis de porc (épaule ou longe) de 1,5 kg cuiront en 2 à 3 heures. Piquez-les avec la pointe d'un couteau, car il faut parfois compter plus de temps.
- Les poulets entiers de moins de 2,5 kg cuiront en 1 h 15. Vérifiez la cuisson en les piquant

avec la pointe d'un couteau car il faut parfois compter plus de temps.

- Les canards entiers de moins de 2,5 kg sont très gras et mettent 1 heure à 1 h 30 à cuire.

conseils

La réussite d'un barbecue dépend de son organisation. Il est bon de connaître approximativement le nombre d'invités, mais si vous en attendez beaucoup, sans plus de précision, préparez une grande quantité de plats de base comme des hamburgers, pour être sûr de rassasier tout le monde. La plupart des plats se congèlent – vous les réchaufferez sous un gril de four traditionnel à la demande.

Vous pouvez préparer certains plats à l'avance. Confectionnez et congelez des saucisses, des brochettes, des hamburgers ; les brochettes de poisson supportent moins bien la congélation. Retirez du congélateur 24 heures avant de servir et laissez décongeler au réfrigérateur. Préparez les salades le matin mais évitez de découper les ingrédients susceptibles de noircir comme les avocats. Ajoutez sauces et vinaigrettes avant de servir ou présentez-les dans des bols.

Lorsque le barbecue est allumé, sortez la viande. Badigeonnez la grille d'huile de tournesol pour empêcher la viande d'attacher en veillant à ne pas en faire trop couler sur les braises chaudes.

Ne chargez pas la grille car les aliments cuiront mal et irrégulièrement. Préférez cuire ensemble des aliments de même type pour éviter le mélange des saveurs. Les braises doivent couvrir une surface plus importante que celle réservée aux aliments pour que le pourtour de la grille soit chaud. Réservez cet endroit aux aliments qui nécessitent moins de chaleur.

Si vous cuisinez en même temps pour des végétariens et des amateurs de viande, il faut organiser votre barbecue de manière plus rigoureuse. Prévoyez une autre grille ou achetez un barbecue jetable pour les plats

végétariens. Le plus simple consiste à servir des papillotes garnies de haricots secs mélangés, légumes et fromage assaisonnés d'une sauce. Elles pourront cuire sur la même grille que la viande et être proposées aux mangeurs de viande en garniture. Pour les végétariens, prévoyez un choix de brochettes, papillotes, salades et pommes de terre en robe des champs.

Les papillotes en papier d'aluminium sont une bonne solution pour les desserts. Le plus simple, très apprécié des enfants, se compose de guimauve grillée sur les braises en train de refroidir, mais il faut absolument surveiller la cuisson. Vous pouvez acheter un barbecue jetable ou utiliser une grille séparée, mais lavez toujours les ustensiles qui ont servi à la cuisson des plats salés.

Prévoyez un menu avec des plats adaptés à tous les goûts. Pensez aux invités végétariens, aux enfants difficiles ou aux amateurs de viande qui n'aiment pas les salades. Prévoyez un légume principal pour accompagner la viande ou le poisson. Les pommes de terre enveloppées de papier d'aluminium cuites au barbecue sont idéales. Pour réduire leur temps de cuisson sur les braises, préchauffez le four à 220 °C (th. 7-8) et faites-les cuire 30 minutes avant de les transférer sur le barbecue.

Offrez un choix de boissons, alcoolisées et non alcoolisées. Le punch aux fruits légèrement alcoolisé ou non est très apprécié. La personne dévolue à la cuisine doit boire peu d'alcool car un cuisinier éméché devient parfois distrait. Surveillez les adultes qui ont bu et veulent absolument s'occuper du barbecue. Pensez à éloignez les enfants du foyer et informez-les des dangers que présentent les brochettes et les couteaux. Si votre barbecue est interrompu par une averse, la fête peut continuer. Pour terminer la cuisson, couvrez votre barbecue et ouvrez ses évents. Sinon, rentrez les ingrédients, préparez les plats et poursuivez la cuisson à l'intérieur, au gril. Quand la pluie s'arrête, tout le monde peut s'installer dans le jardin !

recettes de base

marinades

Les marinades attendrissent et aromatisent les ingrédients ; en cours de cuisson, on peut en badigeonner les aliments pour qu'ils conservent leur moelleux et les parfumer. En règle générale, plus les aliments macèrent, meilleurs ils sont – une nuit entière au réfrigérateur est une durée idéale. Les marinades aux agrumes avec le poisson font exception car les jus d'orange, ou de citron jaune ou vert, commencent à « cuire » le poisson après 1 heure.

Mélangez les ingrédients de la marinade et versez celle-ci sur les aliments placés dans une terrine non métallique peu profonde. Remuez pour bien imprégner et couvrez de film alimentaire. Réservez dans un endroit frais plutôt qu'au réfrigérateur si le temps de macération n'excède pas une heure.

Égouttez les aliments avant la cuisson, même si vous avez l'intention de les enduire de marinade, car celle-ci gouttera sur les braises chaudes et risquera de les enflammer. Les aliments doivent être à température ambiante. Si vous prévoyez de servir le reste de marinade en guise de sauce, portez-le d'abord à ébullition pour prévenir le développement des bactéries. Mieux encore, réservez une partie de la marinade avant d'y plonger les aliments ; ainsi, elle n'aura jamais été en contact avec la viande, la volaille ou le poisson crus.

Comptez environ 15 cl de marinade par portion de 400 g.

marinade au vin rouge

150 ml de vin rouge
1 cuil. à soupe d'huile d'olive
1 cuil. à soupe de vinaigre de vin rouge
1 cuil. à soupe de moutarde à l'ancienne
2 feuilles de laurier, déchirées
2 gousses d'ail, finement hachées
poivre

marinade au yaourt

4 cuil. à soupe de yaourt nature
1 cuil. à soupe d'huile d'olive
1 cuil. à soupe de vinaigre balsamique
8 feuilles de sauge fraîche, finement hachées
1 cuil. à soupe de moutarde de Dijon
poivre blanc

marinade au piment

5 cuil. à soupe de concentré de tomates
4 cuil. à soupe de jus de citron vert
1 cuil. à soupe de vinaigre de vin rouge
2 cuil. à café de miel liquide
1 cuil. à café de Tabasco
1 cuil. à café de mélange d'épices en poudre
poivre

marinade au vin blanc

150 ml de vin blanc sec
4 cuil. à soupe d'huile d'olive
1 cuil. à soupe de jus de citron
3 cuil. à soupe de persil frais finement haché
1 gousse d'ail, finement hachée
poivre gris

sauces et vinaigrettes

De nombreuses sauces se préparent à l'avance et sont un moyen simple d'agrémenter une côtelette, un hamburger ou un pilon pour en faire un plat original et savoureux.

sauce à la moutarde douce

2 jaunes d'œufs
2 cuil. à soupe de jus de citron
2 gousses d'ail, hachées
300 ml d'huile d'olive
1 cuil. à soupe de moutarde de Dijon
sel et poivre

1 Mettre les jaunes d'œufs, le jus de citron et l'ail dans un robot de cuisine, mixer jusqu'à obtention d'une mousse lisse et homogène et, moteur en marche, ajouter progressivement l'huile d'olive jusqu'à obtention d'une sauce épaisse et crémeuse.

2 Transférer dans un bol, ajouter en remuant la moutarde, saler et poivrer.

guacamole

2 avocats
3 oignons verts, finement hachés
1 gousse d'ail, finement hachée
2 piments vert frais, épépinés
et finement hachés
2 cuil. à soupe d'huile d'olive
4 cuil. à soupe de jus de citron vert
sel
coriandre fraîche, hachée, en garniture

1 Couper en deux et dénoyauter les avocats. Retirer la chair et la mettre dans une terrine. Écraser grossièrement la chair à l'aide d'une fourchette et incorporer les oignons verts, l'ail, les piments, l'huile d'olive et le jus de citron vert. Saler et parsemer de coriandre.

mayonnaise

150 ml d'huile de tournesol
150 ml d'huile d'olive
2 jaunes d'œufs
sel et poivre
1 cuil. à soupe de vinaigre de vin blanc
2 cuil. à café de moutarde de Dijon

1 Mélanger les huiles dans un verre doseur. Battre les jaunes d'œufs avec 1 pincée de sel. Ajouter l'huile goutte à goutte sans cesser de battre, avec un fouet ou un mixeur électrique. Après incorporation d'un quart de l'huile, ajouter le vinaigre et battre. Continuer à ajouter l'huile sans cesser de battre jusqu'à obtention d'un mélange épais et crémeux. Incorporer la moutarde, saler et poivrer selon son goût et remuer.

variante

Pour préparer une mayonnaise au citron, remplacez le vinaigre blanc par du jus de citron et la moutarde par du thym citron frais haché

poissons et fruits de mer

Le poisson au barbecue offre une saveur unique et délicieuse mais sa cuisson n'est pas toujours simple car la chaleur ardente des braises risque de dessécher sa chair délicate, même s'il s'agit de poisson gras. Ce chapitre fourmille d'idées ingénieuses pour conserver leur texture, tout en rehaussant leur goût, à toutes sortes de poissons et fruits de mer.

La cuisson en papillote comme dans les papillotes de cabillaud à la tomate (voir page 24) est très utilisée pour cuire le poisson ; celui ci conserve son moelleux et s'imprègne des arômes. Toutefois, il existe d'autres manières de l'envelopper, comme le lard pour la truite au lard (voir page 28), la salade pour le maquereau en jaquette de salade (voir page 34) et la feuille de bananier pour les rougets barbets grillés (voir page 32). Les marinades, rafraîchissantes à base de jus d'agrumes et d'herbes aromatiques, ou plus corsées composés de piments et d'épices variées, ajoutent des goûts originaux et se badigeonnent sur les poissons en cours de cuisson pour un délicieux résultat.

Les recettes s'inspirent des cuisines du monde entier et vous trouverez un plat propre à satisfaire l'appétit de chacun, du saumon teriyaki japonais (voir page 19) au cocktail de kébabs à l'australienne (voir page 49), et du bar caraïbe (voir page 21) aux papillotes de rougets barbets à la grecque (voir page 33). Choisissez entre les darnes ou les steaks, les filets, les poissons entiers, les kébabs, les crevettes, les coquilles Saint-Jacques et même les huîtres. Vous pourrez cuisiner des plats bons marché pour un déjeuner familial, de gros poissons pour un barbecue de fête, des petites pièces à griller pour un repas sur le pouce, ainsi que de fabuleuses sauces pour impressionner vos invités.

brochettes de poisson caraïbes

pour 6 personnes

préparation : 10 min,
macération : 1 heure

cuisson : 8 à 10 min

Légèrement épicées et marinées, ces brochettes ont une apparence et une saveur délicieuses. Vous pouvez choisir n'importe quel poisson à chair ferme mais, pour une saveur authentique, l'espadon est idéal.

INGRÉDIENTS

1 kg de steaks d'espadon

3 cuil. à soupe d'huile d'olive

3 cuil. à soupe de jus de citron vert

1 gousse d'ail, finement hachée

1 cuil. à café de paprika

sel et poivre

3 oignons, coupés en quartiers

6 tomates, coupés en quartiers

VALEURS NUTRITIONNELLES

Calories	274
Protéines	. . . . .32 g
Glucides	. . . . .18 g
Lipides	. . . . .13 g
Acides gras saturés	. . . . . . .2 g

---

variante

Au lieu de servir les brochettes avec les classiques pommes de terre, choisissez des patates douces, toujours en robe des champs ou au four.

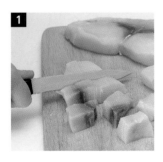

conseil

Lorsque vous utilisez des brochettes en bois, pensez à les faire tremper dans un saladier rempli d'eau pendant 30 minutes pour éviter qu'elles ne brûlent en cours de cuisson.

1 À l'aide d'un couteau tranchant, couper le poisson en cubes de 2,5 cm et mettre dans une terrine non métallique peu profonde. Mélanger l'huile, le jus de citron vert, l'ail et le paprika dans un verre doseur, saler, poivrer selon son goût, Bien remuer, verser la marinade sur le poisson et le retourner pour que tous les morceaux soient bien imprégnés. Couvrir de film alimentaire et laisser mariner 1 heure au réfrigérateur.

2 Préchauffer le barbecue, piquer les cubes de poisson, les quartiers d'oignons et de tomates sur 6 longues brochettes en bois préalablement trempées dans l'eau froide et réserver la marinade.

3 Faire cuire les brochettes 8 à 10 minutes au-dessus de braises pas trop chaudes, en les retournant et en les badigeonnant fréquemment de marinade. Lorsqu'elles sont cuites, transférer les brochettes sur un grand plat de service et servir immédiatement.

saumon et sauce à la mangue

pour 4 personnes

préparation : 15 min,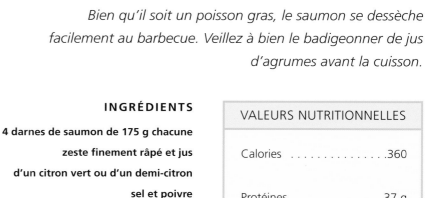
repos : 10 min

cuisson : 6 à 8 min

Bien qu'il soit un poisson gras, le saumon se dessèche facilement au barbecue. Veillez à bien le badigeonner de jus d'agrumes avant la cuisson.

INGRÉDIENTS

4 darnes de saumon de 175 g chacune

**zeste finement râpé et jus
d'un citron vert ou d'un demi-citron**

sel et poivre

SAUCE

**1 grosse mangue pelée, dénoyautée
et coupée en dés**

1 oignon rouge, finement haché

2 fruits de la passion

2 brins de basilic frais

2 cuil. à soupe de jus de citron vert

sel

VALEURS NUTRITIONNELLES	
Calories 360	
Protéines . . . . .37 g	
Glucides . . . . .20 g	
Lipides . . . . .20 g	
Acides gras saturés . . . . . . .3 g	

conseil

La manière la plus rapide de découper une mangue consiste à la couper en deux à l'aide d'un couteau tranchant, puis de couper la chair en dessinant un motif de treillis, sans entailler la peau, et à la retourner pour décoller les dés de chair.

1 Préchauffer le barbecue. Rincer les darnes de saumon sous l'eau courante, essuyer avec du papier absorbant et disposer dans une grande terrine non métallique peu profonde. Parsemer de zeste de citron vert, arroser de jus, saler et poivrer selon son goût. Couvrir et laisser mariner le temps de préparer la sauce.

2 Mélanger les morceaux de mangue et l'oignon dans une terrine. Couper les fruits de la passion en deux, retirer les graines et la pulpe à l'aide d'une cuillère, et ajouter au contenu de la terrine. Ciseler les feuilles de basilic, ajouter aux autres ingrédients avec le jus de citron vert, et saler selon son goût. Bien remuer, couvrir de film alimentaire et réserver.

3 Faire cuire les darnes de saumon 3 à 4 minutes de chaque côté au-dessus de braises pas trop chaudes et servir immédiatement avec la sauce.

saumon teriyaki

cuisson : 10 min

préparation : 10 min, macération : 2 heures

pour 4 personnes

Cette sauce japonaise, à la fois douce et légèrement relevée, complète à merveille la saveur riche du saumon. Accompagnez d'un assortiment de salade verte croquante – laitue iceberg ou romaine.

VALEURS NUTRITIONNELLES

Calories	.426
Protéines	.34 g
Glucides	.32 g
Lipides	.21 g
Acides gras saturés	.4 g

INGRÉDIENTS

4 filets de saumon de 175 g chacun

SAUCE

1 cuil. à soupe de maïzena

125 ml de sauce de soja épaisse

4 cuil. à soupe de mirin ou de xérès demi-sec

2 cuil. à soupe de vinaigre de riz ou de cidre

2 cuil. à soupe de miel liquide

ACCOMPAGNEMENT

½ concombre

assortiment de feuilles de salade

4 oignons verts, émincés en biais

variante

Remplacez le saumon par quatre blancs de poulet de 120 g chacun. Pratiquez des incisions avant de les faire mariner et faites-les cuire environ 15 minutes.

1 Rincer les filets de saumon sous l'eau courante, sécher avec du papier absorbant et mettre dans une grande terrine non métallique peu profonde. Pour la sauce, mélanger la maïzena et la sauce de soja dans un verre doseur, jusqu'à obtention d'une pâte lisse, ajouter le reste des ingrédients et verser les trois quarts de la sauce sur le saumon. Retourner les filets pour que les filets soient bien imprégnés, couvrir de film alimentaire et laisser mariner 2 heures au réfrigérateur.

2 Préchauffer le barbecue. Couper le concombre en julienne et disposer les feuilles de salade, le concombre et les oignons verts sur 4 assiettes. Verser le reste de marinade dans une casserole et faire chauffer au barbecue.

3 Retirer les filets de saumon de la terrine, réserver la marinade et faire cuire les filets au-dessus de braises pas trop chaudes 3 à 4 minutes de chaque côté, en les badigeonnant fréquemment de marinade. Transférer les filets de saumon cuits sur les assiettes garnies, napper de sauce chaude et servir immédiatement.

bar caraïbe

cuisson : 20 min   **préparation : 15 min**   **pour 6 personnes**

VALEURS NUTRITIONNELLES
Calories 211
Protéines . . . . .36 g
Glucides . . . . .0 g
Lipides . . . . .7 g
Acides gras saturés . . . . . . .1 g

Voici un poisson magnifique à servir en plat principal lors d'un barbecue de fête ; en outre, il est extrêmement simple à préparer. Servez-vous d'une grille à poisson ; sinon, vous risquez d'abîmer le poisson en le retournant et de gâcher son apparence spectaculaire.

INGRÉDIENTS

1 bar de 1,5 kg, vidé et écaillé
1 à 2 cuil. à café d'huile d'olive
1 cuil. à café de safran en poudre
sel et poivre

½ citron, coupé en rondelles, un peu plus en garniture
1 citron vert, coupé en rondelles, un peu plus en garniture
1 bouquet de thym frais

variante

Insérez dans le poisson des demi-rondelles de pamplemousse et d'orange et garnissez-le de quartiers d'orange.

conseil

Pour donner un arôme supplémentaire, parsemez les braises chaudes de thym séché en fin de cuisson.

1 Préchauffer le barbecue. Rincer l'intérieur et l'extérieur du bar, sous l'eau courante, sécher avec du papier absorbant, et, à l'aide d'un couteau tranchant, pratiquer plusieurs incisions en biais sur chaque flanc du poisson. Enduire d'huile d'olive et saupoudrer de safran en poudre.

2 Badigeonner d'huile une grande grille à poisson, y disposer le bar, sans la refermer. Saler, poivrer l'intérieur du poisson et le garnir de rondelles de citron jaune et vert et de thym frais sans laisser déborder.

3 Fermer la grille, faire cuire le poisson

au-dessus de braises pas trop chaudes, 10 minutes de chaque côté et transférer délicatement sur un plat de service. Garnir de rondelles de citron jaune et vert, et servir immédiatement.

pour 6 personnes

**préparation : 20 min,
macération : 1 heure**

cuisson : 6 à 8 min

*Les sardines fraîches au barbecue ont toujours beaucoup de succès.
Généralement, on les sert nature, mais ici elles ont été farcies
d'herbes aromatiques et enduites d'un mélange d'épices douces.*

INGRÉDIENTS

15 g de persil frais, finement haché

4 gousses d'ail, finement hachées

12 sardines fraîches, vidées et écaillées

3 cuil. à soupe de jus de citron

85 g de farine

1 cuil. à café de cumin en poudre

sel et poivre

huile d'olive, pour badigeonner

VALEURS NUTRITIONNELLES

Calories	327
Protéines	. . . . .36 g
Glucides	. . . . .13 g
Lipides	. . . . .16 g
Acides gras saturés	. . . . . . .5 g

variante

Vous pouvez remplacer le persil frais haché par du thym ou de l'aneth frais haché.

conseil

Pour vider, incisez le ventre et retirer les entrailles. Rincez l'intérieur et séchez avec du papier absorbant. Pour écailler, tenez la sardine par la queue sous l'eau et glissez votre main le long du corps, de la queue vers la tête.

1 Mettre le persil et l'ail dans une terrine, et bien mélanger. Rincer l'intérieur et l'extérieur des sardines sous l'eau courante, et essuyer avec du papier absorbant. Garnir l'intérieur des sardines avec le mélange aux herbes, en parsemer l'extérieur et arroser de jus de citron. Transférer dans une grande terrine non métallique peu profonde, couvrir de film alimentaire et laisser mariner 1 heure au réfrigérateur.

2 Préchauffer le barbecue. Mélanger la farine et le cumin en poudre dans une terrine, saler et poivrer. Verser la farine assaisonnée dans une grande assiette plate et en enrober soigneusement les sardines.

3 Badigeonner les sardines d'huile d'olive, faire griller 3 à 4 minutes de chaque côté au-dessus de braises pas trop chaudes et servir immédiatement.

papillotes de cabillaud à la tomate

cuisson : 6 à 10 min   **préparation : 10 min**   **pour 4 personnes**

VALEURS NUTRITIONNELLES	
Calories	173
Protéines	31 g
Glucides	6 g
Lipides	3 g
Acides gras saturés	1 g

Les darnes de cabillaud cuites en papillotes conservent tout leur moelleux et absorbent la saveur des tomates aux herbes. Le vin blanc leur donne un raffinement exquis.

INGRÉDIENTS

4 darnes de cabillaud de 175 g chacune

2 cuil. à café d'huile d'olive vierge extra

4 tomates, pelées et concassées

25 g de feuilles de basilic frais, déchirées en petits morceaux

4 cuil. à soupe de vin blanc

sel et poivre

variante

Travaillez 120 g de beurre en pommade et 2 gousses d'ail hachées. Étalez cette pâte sur les darnes de cabillaud et faites-les cuire selon la recette.

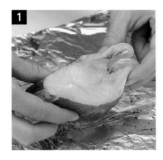

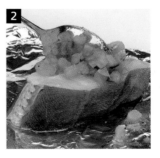

conseil

Pour réaliser une présentation attrayante, ouvrez les papillotes et faites glisser le contenu sur les assiettes. Retirez la peau des darnes de cabillaud avant de servir.

1 Préchauffer le barbecue. Rincer les darnes de cabillaud sous l'eau courante, essuyer avec du papier absorbant, et, à l'aide d'un couteau tranchant, retirer l'arête centrale. Découper 4 rectangles de 33 x 20 cm dans du papier d'aluminium en double épaisseur, badigeonner le dessus d'huile d'olive et déposer une darne de cabillaud au centre de chaque rectangle.

2 Mélanger les tomates, le basilic et le vin blanc dans une terrine, saler et poivrer selon son goût. Répartir cette préparation sur les darnes de cabillaud et fermer les papillotes.

3 Faire cuire le poisson au-dessus de braises pas trop chaudes 3 à 5 minutes de chaque côté, transférer sur 4 grandes assiettes et servir immédiatement dans la papillote.

lotte poivrée aux agrumes

pour 6 personnes

préparation : 25 min,
macération : 1 heure

cuisson : 20 à 25 min

Si la lotte est assez onéreuse, tout y est comestible, à l'exception de l'arête centrale. Ce poisson charnu et raffiné fait le délice de tous les palais.

INGRÉDIENTS

2 oranges

2 citrons

2 queues de lotte de 500 g chacune, sans la peau et coupées en 4 filets

6 brins de thym citron

2 cuil. à soupe d'huile d'olive

sel

2 cuil. à soupe de grains de poivre vert, légèrement écrasés

GARNITURE

quartiers d'orange

quartiers de citron

VALEURS NUTRITIONNELLES

Calories 154

Protéines . . . . .25 g

Glucides . . . . .10 g

Lipides . . . . .4 g

Acides gras saturés . . . . . . .1 g

---

variante

Si vous le souhaitez, vous pouvez remplacer le poivre vert par du poivre noir, rose, voire par un mélange de plusieurs poivres.

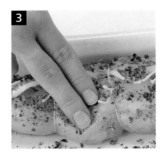

conseil

Mettez les grains de poivre vert dans un sac en plastique et, à l'aide d'un rouleau à pâtisserie, écrasez-les légèrement, ou placez-les dans un mortier et écrasez à l'aide d'un pilon, ou dans un moulin à café propre.

1 Couper 8 rondelles d'orange et 8 rondelles de citron, réserver le reste. Rincer les filets de lotte sous l'eau courante, essuyer avec du papier absorbant et poser 1 filet de chaque queue de lotte, côté coupé vers le haut, sur un plan de travail. Garnir de rondelles d'agrumes, parsemer de thym citron et reconstituer les queues de

lotte. Fermer avec de la ficelle de cuisine et mettre les queues de lotte dans une grande terrine non métallique peu profonde.

2 Presser les agrumes restants, verser le jus dans un verre doseur et mélanger à l'huile d'olive. Saler selon son goût, verser sur le poisson et couvrir de film

alimentaire. Laisser mariner 1 heure au réfrigérateur, en arrosant le poisson de marinade une ou deux fois.

3 Préchauffer le barbecue. Égoutter les queues de lotte, réserver la marinade, parsemer le poisson de poivre vert écrasé, en appuyant avec le doigt pour faire pénétrer.

Faire cuire les queues de lotte au-dessus de braises pas trop chaudes 20 à 25 minutes, en les retournant et en les badigeonnant fréquemment de marinade. Transférer sur une planche à découper et retirer la ficelle. Couper en tranches, garnir de quartiers d'orange et de citron, et servir immédiatement.

truites au lard

Ce plat classique, que l'on prépare habituellement à la poêle, prend une nouvelle dimension cuisiné au barbecue ; la saveur fumée du lard, plus prononcée, crée un contraste avec la chair délicate du poisson.

INGRÉDIENTS

4 truites, vidées

4 tranches de lard fumé, découennées

4 cuil. à soupe de farine

sel et poivre

2 cuil. à soupe d'huile d'olive

2 cuil. à soupe de jus de citron

mâche, en accompagnement

GARNITURE

brins de persil frais

quartiers de citron

VALEURS NUTRITIONNELLES

Calories	448
Protéines	. . . . .46 g
Glucides	. . . . .17 g
Lipides	. . . . .23 g
Acides gras saturés	. . . . . . .6 g

conseil

La truite la plus courante est la truite arc-en-ciel que l'on trouve en quantité dans les élevages. La truite saumonée, aussi présente dans les élevages et vendue dans les supermarchés, convient aussi pour cette recette.

1 Préchauffer le barbecue. Rincer les truites sous l'eau courante, essuyer avec du papier absorbant, et étirer les tranches de lard avec la lame d'un couteau.

2 Saler, poivrer la farine et étaler sur une grande assiette plate. Fariner chaque truite en veillant à bien l'enrober, et, en commençant juste sous la tête, enrouler une tranche de lard en spirale autour de chaque poisson.

3 Badigeonner les truites d'huile d'olive, faire cuire 5 à 8 minutes de chaque côté au-dessus de braises pas trop chaudes et disposer les truites dans 4 grandes assiettes. Arroser d'un filet de jus de citron, garnir de persil et de quartiers de citron, et servir avec de la mâche.

thon grillé et sauce au piment

⏲ **cuisson : 20 min**   ⏲ **préparation : 15 min, macération : 1 heure**   **pour 4 personnes**

Un poisson à chair ferme comme le thon est idéal à faire cuire au barbecue car il ne se délite pas à la cuisson. Ici, il est servi avec une sauce au piment relevée et colorée.

VALEURS NUTRITIONNELLES	
Calories	337
Protéines	...........42 g
Glucides	...........10 g
Lipides	...........16 g
Acides gras saturés	......3 g

INGRÉDIENTS

4 steaks de thon de 175 g chacun
zeste râpé et jus d'un citron vert
2 cuil. à soupe d'huile d'olive
sel et poivre
brins de coriandre fraîche, en garniture

SAUCE AU PIMENT
2 poivrons orange
1 cuil. à soupe d'huile d'olive
jus d'un citron vert
jus d'une orange
2 ou 3 piments rouges frais, épépinés et hachés
1 pincée de poivre de Cayenne

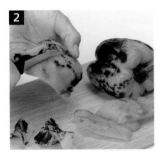

conseil

Vous pouvez préparer la sauce au piment à l'avance. Faites griller les poivrons au gril préchauffé, jusqu'à ce qu'ils aient noirci et procédez comme il est indiqué à l'étape 2.

1 Rincer le thon sous l'eau courante, essuyer avec du papier absorbant et mettre dans une grande terrine non métallique peu profonde. Arroser de jus de citron vert et d'huile d'olive, parsemer de zeste râpé, saler et poivrer selon son goût. Couvrir de film alimentaire et laisser mariner 1 heure au réfrigérateur.

2 Préchauffer le barbecue. Pour la sauce, badigeonner les poivrons d'huile d'olive, faire cuire 10 minutes au-dessus de braises chaudes en les retournant fréquemment, jusqu'à ce que la peau ait noirci et retirer du barbecue. Laisser tiédir, retirer la peau et épépiner. Mettre les poivrons dans un robot de cuisine avec les autres ingrédients de la sauce, mixer jusqu'à obtention d'une purée et transférer dans une terrine. Saler et poivrer selon son goût.

3 Faire cuire le thon 4 à 5 minutes de chaque côté au-dessus de braises chaudes, jusqu'à ce qu'il soit doré, transférer sur des assiettes et garnir de brins de coriandre. Servir le thon accompagné de sauce.

thon à la mexicaine

pour 4 personnes

préparation : 15 min,
macération : 1 heure

cuisson : 55 min

Ce thon épicé fera le régal de vos convives – les adultes seulement.
La saveur appétissante de l'association poivre de Cayenne, piment et
paprika est subtilement rehaussée par quelques gouttes de tequila.

INGRÉDIENTS

4 steaks de thon de 175 g chacun
brins de coriandre fraîche, en garniture
quartiers de citron vert,
en accompagnement

SAUCE
2 cuil. à soupe d'huile de maïs
2 échalotes, finement hachées
1 gousse d'ail, finement hachée
1 poivron rouge, épépiné et haché

2 grosses tomates, concassées
3 cuil. à soupe de ketchup
2 cuil. à soupe de moutarde douce
2 cuil. à soupe de sucre de canne
2 cuil. à soupe de miel liquide
1 cuil. à soupe de poivre de Cayenne
1 cuil. à soupe de poudre de piment
1 cuil. à soupe de paprika
1 cuil. à soupe de tequila

VALEURS NUTRITIONNELLES

Calories	.410
Protéines	.44 g
Glucides	.49 g
Lipides	.15 g
Acides gras saturés	.3 g

variante

Cette recette se prépare avec d'autres poissons gras tels que la truite de mer ou le saumon. Vous pouvez remplacer le citron vert par du citron jaune.

conseil

Le thon frais est très charnu ; vous en trouverez toute l'année chez votre poissonnier.
Le poisson est frais quand la chair est ferme et de couleur rouge rosé assez vive.

1 Pour la sauce, faire chauffer l'huile dans une casserole à fond épais, ajouter les échalotes et l'ail, et faire revenir à feu doux 5 minutes en remuant de temps en temps sans laisser dorer, jusqu'à ce que le mélange soit fondant. Ajouter le poivron rouge, faire cuire 1 minute et incorporer les tomates. Laisser mijoter

20 minutes en remuant de temps en temps, ajouter le ketchup, la moutarde, le sucre, le miel, le poivre de Cayenne, la poudre de piment, le paprika et la tequila, et remuer. Laisser cuire à feu doux 20 minutes, retirer la casserole du feu et laisser refroidir.

2 Transférer la sauce dans un robot de cuisine

et mixer jusqu'à obtention d'une purée onctueuse. Rincer les steaks de thon sous l'eau courante, essuyer avec du papier absorbant et badigeonner de sauce les deux côtés des steaks. Mettre dans une terrine peu profonde, couvrir de film alimentaire et laisser mariner 1 heure au réfrigérateur. Réserver le reste de sauce.

3 Préchauffer le barbecue, badigeonner les steaks de sauce et faire cuire 3 minutes de chaque côté au-dessus de braises pas trop chaudes en les enduisant fréquemment de sauce. Transférer dans des assiettes, garnir de coriandre fraîche et servir immédiatement avec des quartiers de citron vert.

rougets barbets grillés

pour 4 personnes   **préparation : 25 min**   **cuisson : 15 à 20 min**

Les feuilles de bananier sont souvent employées pour ce plat indonésien. Elles sont disponibles dans les épiceries asiatiques – faites-les décongeler si nécessaire ; ou emballez le poisson dans du papier d'aluminium.

INGRÉDIENTS

4 feuilles de bananier

2 citrons verts

3 gousses d'ail

4 rougets barbets de 350 g chacun

2 oignons verts, finement émincés

1 morceau de gingembre frais de 2,5 cm

1 oignon, finement haché

4 cuil. à café d'huile de maïs ou d'arachide

3 cuil. à soupe de kecap manis
ou de sauce de soja claire

1 cuil. à café de coriandre en poudre

1 cuil. à café de cumin en poudre

1 pincée de clou de girofle en poudre

1 pincée de curcuma

VALEURS NUTRITIONNELLES

Calories 233

Protéines . . . . .32 g

Glucides . . . . .4 g

Lipides . . . . .10 g

Acides gras saturés . . . . . . .0 g

conseil

Le kecap manis est une sauce de soja douce et épaisse disponible dans les épiceries asiatiques. Si vous n'en trouvez pas, remplacez-la par de la sauce de soja claire.

1 Préchauffer le barbecue. Si nécessaire, couper les feuilles de bananier à l'aide de ciseaux en 4 carrés de 40 cm. Couper en fines rondelles un demi-citron vert et une gousse d'ail. Vider, écailler les poissons et rincer sous l'eau courante. Essuyer avec du papier absorbant, à l'aide d'un couteau, pratiquer une série d'incisions profondes dans chaque flanc des poissons et insérer de fines rondelles de citrons vert et d'ail à l'intérieur. Poser les poissons sur les feuilles de bananier et parsemer d'oignon vert.

2 Hacher finement le reste d'ail et presser le reste des citrons verts pour en extraire le jus. Hacher finement le gingembre et mettre l'ail dans une terrine avec l'oignon, le gingembre, l'huile, le kecap manis, les épices et le jus de citron vert. Mélanger jusqu'à obtention d'une pâte.

3 Farcir les poissons à l'aide d'une cuillère, étaler également la farce sur les poissons et enrouler les poissons dans les feuilles de bananier afin de confectionner des papillotes. Fermer avec de la ficelle de cuisine, faire cuire les papillotes 15 à 20 minutes au-dessus de braises pas trop chaudes en les retournant de temps en temps, et servir.

papillotes de rougets barbets à la grecque

⏲ **cuisson : 16 à 20 min**

🕐 **préparation : 20 min, macération : 45 min**

pour 4 personnes

Bien que les poissons soient enveloppés dans des feuilles de vigne, il est conseillé d'utiliser une grille pour les retourner. Les feuilles de vigne permettent aux poissons de conserver leur moelleux et leurs arômes.

VALEURS NUTRITIONNELLES

Calories	.364
Protéines	.33 g
Glucides	.1 g
Lipides	.26 g
Acides gras saturés	.3 g

INGRÉDIENTS

4 rougets barbets de 350 g chacun, vidés et écaillés

sel et poivre

4 gousses d'ail, finement émincées

4 cuil. à soupe de mélange de cerfeuil, d'origan et de romarin frais finement haché

6 cuil. à soupe d'huile d'olive vierge extra, un peu plus pour badigeonner

2 cuil. à soupe de vinaigre de vin rouge

16 à 20 feuilles de vigne en saumure, égouttées et rincées à l'eau bouillante

conseil

Si vous utilisez des feuilles fraîches, placez les feuilles, queues coupées, dans une casserole et couvrez-les d'eau. Portez à ébullition, égouttez les feuilles et rafraîchissez-les sous l'eau courante.

1 Rincer les poissons sous l'eau courante, essuyer avec du papier absorbant, et, à l'aide d'un couteau tranchant, pratiquer plusieurs incisions profondes en biais sur chaque flanc. Saler et poivrer les incisions, et garnir d'ail et d'herbes. Transférer les poissons dans une grande terrine non métallique peu profonde. Mélanger l'huile et le vinaigre dans un verre doseur, saler et poivrer selon son goût. Verser cette marinade sur les poissons, couvrir de film alimentaire et laisser mariner 45 minutes au réfrigérateur.

2 Préchauffer le barbecue. Badigeonner une grille à poisson d'huile d'olive. Envelopper les poissons dans les feuilles de vigne préparées à l'avance, en les recouvrant entièrement et transférer les poissons sur la grille à poisson.

3 Faire cuire les poissons 8 à 10 minutes de chaque côté au-dessus de braises pas trop chaudes et servir immédiatement.

maquereaux en jaquette de salade

cuisson : 35 min **préparation : 30 min** **pour 6 personnes**

Le maquereau a une chair ferme et goûteuse, très nutritive. Traditionnellement, il se sert avec une sauce relevée, souvent préparée avec des groseilles – qui servent ici de farce. Accompagnez les maquereaux de pommes de terre nouvelles et de salade.

INGRÉDIENTS

24 à 30 grandes feuilles de romaine
ou de laitue iceberg

6 maquereaux, nettoyés

sel et poivre

2 cuil. à soupe de crème de raifort

18 brins d'aneth frais

FARCE

125 ml d'eau

2 cuil. à soupe de jus de citron

1 pomme

15 g de beurre

2 échalotes, finement hachées

125 g de groseilles à maquereau,
équeutées

25 g de chapelure blanche

55 g de flocons d'avoine

1 cuil. à soupe de cidre sec

2 cuil. à soupe d'aneth frais haché

sel et poivre

variante

Si vous le souhaitez, remplacez les groseilles à maquereau par une quantité équivalente de rhubarbe grossièrement hachée.

conseil

Faites cuire d'abord les papillotes du côté de la pliure, 5 minutes, retournez-les délicatement à l'aide de pinces ou d'une pelle à poisson, et faites cuire encore 5 minutes, jusqu'à ce que la chair du poisson soit tendre.

1 Préchauffer le barbecue. Pour la farce, verser l'eau dans une terrine et ajouter le jus de citron. Peler, évider et couper la pomme en dés. Mettre dans l'eau. Faire fondre le beurre dans une sauteuse, ajouter les échalotes et faire revenir 5 minutes en remuant de temps en temps, jusqu'à ce qu'elles soient fondantes. Égoutter la pomme, réserver l'eau de trempage et ajouter avec les groseilles dans la sauteuse. Cuire 2 à 3 minutes en remuant, ajouter l'eau et laisser frémir 5 minutes, jusqu'à ce que les fruits soient tendres. Retirer du feu et laisser tiédir.

2 Blanchir la salade en la plongeant 10 secondes dans l'eau bouillante, égoutter et rafraîchir sous l'eau courante.

3 Mélanger la chapelure, 2 cuillerées à soupe de flocons d'avoine et le cidre, incorporer le mélange aux fruits et ajouter l'aneth. Saler et poivrer. Rincer les poissons sous l'eau courante et essuyer avec du papier absorbant. Saler et poivrer l'intérieur des poissons.

4 Enduire les poissons de la moitié du raifort et enrober du reste de flocons d'avoine. Poser 4 ou 5 feuilles de salade pour former un rectangle et placer 3 brins d'aneth au centre. Poser le poisson et replier les feuilles en laissant dépasser la tête et la queue. Répéter l'opération avec les autres poissons. Cuire 10 minutes de chaque côté au-dessus de braises pas trop chaudes et servir immédiatement.

brochettes de fruits de mer

pour 6 personnes

préparation : 15 min,
macération : 1 heure

cuisson : 20 min

Les brochettes de fruits de mer sont toujours alléchantes et très appréciées. Ici, elles sont accompagnées d'une sauce très savoureuse.

INGRÉDIENTS

2 cuillerées à soupe
de graines de sésame

500 g de steaks d'espadon
ou de filets de lotte

350 ml de vin blanc sec

2 cuil. à soupe d'huile de maïs
ou de tournesol

zeste râpé et jus de 2 citrons verts

2 gousses d'ail, finement hachées

sel et poivre

1 cuil. à café ½ de maïzena

2 cuil. à soupe d'eau

2 cuil. à soupe de coriandre fraîche
hachée

12 noix de Saint-Jacques, préparées

12 crevettes tigrées crues

VALEURS NUTRITIONNELLES

Calories 257

Protéines . . . . .31 g

Glucides . . . . .6 g

Lipides . . . . .9 g

Acides gras saturés . . . . . . .2 g

---

variante

Remplacez la moitié des crevettes par des quartiers de tomate et la moitié des Saint-Jacques par des quartiers d'oignons. Enduisez de marinade durant la cuisson.

conseil

Ne décortiquez pas
les crevettes, elles seront
plus présentables si elles sont
cuites entières. Ayez à portée
de main une terrine d'eau
comme rince-doigts, pour
retirer les têtes et les carapaces.

1 Faire griller les graines de sésame à sec dans une sauteuse couverte, jusqu'à ce qu'elles commencent à éclater et à exhaler leur arôme, retirer du feu et réserver. Couper le poisson en cubes de 2,5 cm et mettre dans une terrine non métallique. Mélanger 200 ml de vin, l'huile, le zeste et le jus de citron vert et l'ail dans un verre doseur, saler et poivrer.

Arroser le poisson de la moitié de cette marinade, retourner pour bien l'imprégner et verser le reste de marinade dans une petite casserole. Couvrir le poisson de film alimentaire et laisser mariner 1 heure dans un endroit frais ou au réfrigérateur.

2 Préchauffer le barbecue. Poser la casserole sur feu doux et ajouter le reste de vin.

Mélanger la maïzena et l'eau, jusqu'à obtention d'une pâte homogène, incorporer au contenu de la casserole et porter à ébullition sans cesser de remuer. Laisser frémir jusqu'à ce que la sauce épaississe, retirer la casserole du feu et incorporer la coriandre et les graines de sésame grillées. Couvrir et réserver au chaud sur le côté du barbecue.

3 Retirer le poisson de la marinade, piquer les morceaux sur 6 brochettes en métal en alternant avec les crevettes et les noix de Saint-Jacques et faire cuire les brochettes 5 à 8 minutes au-dessus de braises pas trop chaudes, en les retournant de temps en temps. Transférer sur un grand plat de service et servir immédiatement avec la sauce.

poisson épicé à l'indonésienne

⏲ **cuisson : 16 min**

⏱ **préparation : 15 min,**
macération : 1 heure

pour 6 personnes

VALEURS NUTRITIONNELLES

Calories	183
Protéines	. . . . .27 g
Glucides	. . . . .2 g
Lipides	. . . . .8 g
Acides gras saturés	. . . . . . .1 g

Ce plat met l'eau à la bouche de tous les amateurs de cuisine exotique.
La pâte épicée, à base de piments, gingembre et jus de citron vert,
qui enrobe le poisson imprègne sa chair de son incomparable saveur.

INGRÉDIENTS

1 bar ou 1 vivaneau de 1 kg

4 gousses d'ail, finement hachées

2 piments rouges frais, épépinés
et finement hachés

1 morceau de gingembre frais
de 2,5 cm, finement émincé

4 oignons verts, hachés

jus d'un citron vert

2 cuil. à soupe d'huile de maïs,
un peu plus pour badigeonner

sel

noix de coco râpée, en garniture
(facultatif)

variante

Vous pouvez remplacer l'huile de maïs
par une quantité égale d'huile de
tournesol, et le jus de citron vert
par du jus de citron jaune.

conseil

Pour nettoyer le poisson,
incisez le ventre à l'aide d'un
couteau tranchant et retirez
les viscères. Pour l'écailler, il est
préférable de vous installer
dehors ou de travailler au-dessus
d'un sac en plastique.

1 Nettoyer le poisson
(*voir* « conseil »),
l'écailler, en allant de la queue
vers la tête, et rincer le poisson
sous l'eau courante. Essuyer
avec du papier absorbant,
pratiquer plusieurs incisions
en biais sur les deux flancs du
poisson, à l'aide d'un couteau
tranchant, et placer le poisson
dans une grande terrine non
métallique peu profonde.

2 Mettre l'ail, les piments,
le gingembre
et les oignons verts dans
un robot de cuisine, mixer
jusqu'à obtention d'une pâte
homogène et transférer dans
une terrine. Incorporer le jus
de citron vert et l'huile, saler
et enduire l'intérieur
du poisson de 1 à 2 cuillerées
à café de pâte. Badigeonner
l'extérieur avec la pâte

restante, couvrir de film
alimentaire et laisser mariner
1 heure dans un endroit frais
ou au réfrigérateur.

3 Préchauffer le
barbecue, huiler
une grille à poisson et placer
le poisson à l'intérieur.
Réserver la marinade, faire
cuire le poisson au-dessus
de braises pas trop chaudes

8 minutes de chaque côté,
en l'enduisant fréquemment
de marinade et servir le poisson
immédiatement, en le
garnissant éventuellement
de noix de coco râpée.

brochettes de Saint-Jacques

pour 4 personnes

préparation : 10 min,
macération : 30 min

cuisson : 8 à 10 min

Voici une délicieuse manière de cuisiner des Saint-Jacques au barbecue.
Vous pouvez utilisez d'autres coquillages tels que les huîtres.

INGRÉDIENTS

1 citron

6 cuil. à soupe d'huile d'olive

sel et poivre

12 noix de Saint-Jacques, préparées

115 g de panure de pain complet

55 g de beurre, fondu

quartiers de citron, en garniture

(facultatif)

VALEURS NUTRITIONNELLES	
Calories 432	
Protéines . . . . .26 g	
Glucides . . . . .16 g	
Lipides . . . . .30 g	
Acides gras saturés . . . . . .10 g	

conseil

Il n'est pas nécessaire de retirer le corail des noix de Saint-Jacques – s'il y en a – avant de les enrober de chapelure et de les faire cuire. Laissez un petit espace entre chaque coquillage pour permettre une cuisson uniforme.

1 Râper finement le zeste du citron, transférer dans une terrine avec l'huile d'olive, et mélanger. Saler et poivrer selon son goût. Ajouter les noix de Saint-Jacques, les retourner pour bien les enrober, et couvrir. Laisser mariner 30 minutes.

2 Mettre la panure de pain complet dans une grande terrine, ajouter les noix de Saint-Jacques, une à la fois, et bien les enrober de panure. Piquer les noix de Saint-Jacques sur des brochettes en bois préalablement trempées dans l'eau et arroser d'un filet de beurre fondu.

3 Faire cuire les brochettes 8 à 10 minutes au-dessus de braises pas trop chaudes en les retournant une fois, transférer sur un plat de service et garnir éventuellement de quartiers de citron. Servir immédiatement.

bouchées de Saint-Jacques au lard

cuisson : 10 min   **préparation : 20 min**   **pour 4 personnes**

Ces bouchées fondantes sont délicieuses servies encore fumantes
avec un aïoli glacé et un verre de champagne ou de vin pétillant.

VALEURS NUTRITIONNELLES	
Calories	974
Protéines	. . . . .55 g
Glucides	. . . . .5 g
Lipides	. . . . .82 g
Acides gras saturés	. . . . . .21 g

INGRÉDIENTS

20 noix Saint-Jacques, préparées

4 cuil. à soupe de jus de citron

sel et poivre

20 tranches de lard fumé, découennées

AÏOLI

4 gousses d'ail, hachées

sel et poivre

2 jaunes d'œufs

225 ml d'huile d'olive vierge extra

variante

Ces noix de Saint-Jacques
enveloppées de lard fumé
sont également excellentes
accompagnées d'une sauce
tartare.

1 Préchauffer le barbecue. Pour l'aïoli, mettre l'ail dans une terrine, ajouter une pincée de sel et écraser avec le dos d'une cuillerée. Ajouter les jaunes d'œufs, mélanger à l'aide d'un batteur électrique environ 30 minutes, jusqu'à obtention d'une crème. Incorporer l'huile d'olive, d'abord goutte à goutte, et une fois que le mélange commence à épaissir, en filet sans cesser de mixer. Saler, poivrer selon son goût et couvrir. Laisser refroidir au réfrigérateur.

2 Arroser les noix de Saint-Jacques de jus de citron, saler et poivrer selon son goût. Étirer les tranches de lard fumé à la lame d'un couteau, en enrouler une autour de chaque Saint-Jacques et fermer la bouchée à l'aide d'une pique à cocktail.

3 Faire cuire les bouchées au-dessus de braises pas trop chaudes 5 minutes de chaque côté, transférer dans un plat de service et servir immédiatement avec l'aïoli.

bouchées d'huîtres au lard

cuisson : 5 min **préparation : 30 min** **pour 4 personnes**

VALEURS NUTRITIONNELLES	
Calories	444
Protéines	. . . . .32 g
Glucides	. . . . .4 g
Lipides	. . . . .34 g
Acides gras saturés	. . . . . .13 g

Ces huîtres chaudes au lard fumé cuisinées au barbecue font d'excellents amuse-gueule, un comble de raffinement.

INGRÉDIENTS

36 huîtres fraîches

18 tranches de lard fumé, découennées

1 cuil. à soupe de paprika doux

1 cuil. à café de poivre de Cayenne

SAUCE

1 piment rouge frais, épépiné et finement haché

1 gousse d'ail, finement hachée

1 échalote, finement hachée

2 cuil. à soupe de persil frais finement haché

2 cuil. à soupe de jus de citron

sel et poivre

variante

Vous pouvez remplacer l'échalote par un petit oignon émincé et le persil frais par la même quantité de ciboulette fraîche hachée.

conseil

Pour ouvrir une huître, protégez votre main avec un torchon, saisissez la coquille, côté plat au-dessus, ouvrez en faisant levier, à l'aide d'un couteau puis passez la lame autour de l'huître pour détacher le muscle.

1 Préchauffer le barbecue. Ouvrir les huîtres en recueillant le jus dans une terrine, détacher les huîtres de leur coquille. Réserver et vider le jus dans la terrine. Pour la sauce, ajouter le piment rouge, l'ail, l'échalote, le persil et le jus de citron, saler, poivrer et bien mélanger. Couvrir de film alimentaire et réserver au réfrigérateur.

2 Couper chaque tranches de lard en deux dans la longueur, assaisonner les huîtres de paprika et de poivre de Cayenne, et rouler chaque huître dans une demi-tranche de lard. Piquer 9 huîtres au lard sur 4 brochettes en bois préalablement trempées dans l'eau ou sur des piques à cocktail.

3 Faire cuire ces bouchées 5 minutes au-dessus de braises chaudes en les retournant fréquemment, jusqu'à ce que le lard soit bien doré et croustillant, transférer dans un grand plat de service et servir immédiatement avec la sauce.

crevettes et sauce aux agrumes

pour 6 personnes   **préparation : 25 min** ⏲   **cuisson : 6 min** ⏲

Une sauce aromatique fruitée fait ressortir la saveur des crevettes grillées. Elle peut se préparer à l'avance et se conserver au réfrigérateur jusqu'au moment du repas.

INGRÉDIENTS

36 grosses crevettes tigrées crues

2 cuil. à soupe de coriandre fraîche hachée

1 pincée de poivre de Cayenne

3 à 4 cuil. à soupe d'huile de maïs

feuilles de coriandre fraîches, en garniture

quartiers de citron vert, en accompagnement

SAUCE

1 orange

1 pomme, pelée, évidée et coupée en quartiers

2 piments rouges frais, épépinés et hachés

1 gousse d'ail, hachée

8 brins de coriandre fraîche

8 brins de menthe fraîche

4 cuil. à soupe de jus de citron vert

sel et poivre

VALEURS NUTRITIONNELLES

Calories	126
Protéines	. . . . .11 g
Glucides	. . . . .10 g
Lipides	. . . . .7 g
Acides gras saturés	. . . . . . .1 g

variante

Si vous préférez, vous pouvez remplacer la menthe fraîche dans la sauce par plus de coriandre.

conseil

Pour retirer la veine sombre des crevettes, incisez le dos et utilisez la pointe du couteau pour prélever le fil intestinal. Il n'est pas toxique mais risque d'altérer le goût du crustacé.

1 Préchauffer le barbecue. Pour la sauce, éplucher l'orange, couper en quartiers, et réserver le jus s'il y en a. Mettre les quartiers d'orange et de pomme, les piments, l'ail, la coriandre et la menthe dans un robot de cuisine, mixer jusqu'à obtention d'une sauce onctueuse et, moteur en marche, ajouter le jus de citron vert. Transférer la sauce dans une terrine, saler et poivrer selon son goût. Couvrir de film alimentaire et laisser refroidir au réfrigérateur.

2 À l'aide d'un couteau tranchant, étêter les crevettes et les décortiquer. Retirer la veine sombre (l'intestin – *voir* « conseil ») rincer les crevettes sous l'eau courante et essuyer avec du papier absorbant. Mélanger la coriandre hachée, le poivre de Cayenne et l'huile de maïs dans une terrine, ajouter les crevettes et remuer pour bien les enrober.

3 Faire cuire les crevettes au-dessus de braises pas trop chaudes, 3 minutes de chaque côté, jusqu'à ce qu'elles aient changé de couleur, disposer les crevettes dans un grand plat de service et garnir de coriandre fraîche. Servir immédiatement avec des quartiers de citron vert et la sauce.

crevettes à la noix de coco

pour 4 personnes

préparation : 15 min,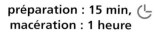
macération : 1 heure

cuisson : 8 min

Cette composition classique thaïe se marie à merveille avec les crevettes grillées mais conviendrait très bien à d'autres fruits de mer ou poissons.

INGRÉDIENTS

6 oignons verts

400 ml de lait de coco

zeste finement râpé et jus
d'un citron vert

4 cuil. à soupe de coriandre fraîche
hachée

2 cuil. à soupe d'huile de maïs
ou de tournesol

poivre

650 g de crevettes tigrées crues

GARNITURE

quartiers de citrons

brins de coriandre fraîche

VALEURS NUTRITIONNELLES	
Calories 218	
Protéines . . . . .29 g	
Glucides . . . . .13 g	
Lipides . . . . .7 g	
Acides gras saturés . . . . . . .1 g	

conseil

Le lait de coco n'a rien à voir avec le jus de noix de coco frais. Il se vend en boîte dans les supermarchés et les épiceries asiatiques.

1 Hacher finement les oignons verts, mettre dans une grande terrine non métallique peu profonde avec le lait de coco, le zeste et le jus de citron vert, la coriandre et l'huile, et bien mélanger. Poivrer selon son goût, ajouter les crevettes et retourner pour bien les imprégner de marinade. Couvrir de film alimentaire et laisser mariner 1 heure au réfrigérateur.

2 Préchauffer le barbecue. Égoutter les crevettes, réserver la marinade et piquer les crevettes sur 8 longues brochettes en métal.

3 Faire griller les crevettes au-dessus de braises pas trop chaudes en les retournant et en les badigeonnant fréquemment de marinade 8 minutes, jusqu'à ce qu'elles aient changé de couleur. Faire cuire les quartiers de citron côté peau en-dessous, au-dessus de braises pas trop chaudes les 5 dernières minutes, et servir les crevettes immédiatement, garnies de quartiers de citron chauds et de feuilles de coriandre.

gambas espagnoles

cuisson : 25 min   préparation : 20 min   pour 6 personnes

Ces gambas fraîches sont servies avec une sauce au piment et à la tomate. Pour une saveur plus douce, diminuez le nombre de piments.

VALEURS NUTRITIONNELLES

Calories 175

Protéines . . . . .12 g

Glucides . . . . .10 g

Lipides . . . . .12 g

Acides gras saturés . . . . . . .2 g

INGRÉDIENTS

1 bouquet de persil plat frais

36 grosses gambas crues, décortiquées et déveinées, queues entières

3 à 4 cuil. à soupe d'huile d'olive

quartiers de citron, en garniture

SAUCE

6 piments rouges frais

1 oignon, haché

2 gousses d'ail, hachées

500 g de tomates, concassées

3 cuil. à soupe d'huile d'olive

1 pincée de sucre

sel et poivre

conseil

Pour retourner les gambas plus facilement, piquez-les sur de petites brochettes individuelles en bois préalablement trempées dans l'eau froide. Espacez-les sur la grille pour qu'elles cuisent de manière uniforme.

1 Préchauffer le barbecue. Hacher suffisamment de persil pour remplir 2 cuillerées à soupe et réserver. Pour la sauce, épépiner et hacher les piments, les mettre dans un robot de cuisine avec l'oignon et l'ail, et mixer jusqu'à ce que le tout soit finement haché. Ajouter les tomates et l'huile d'olive, et mixer jusqu'à obtention d'une purée.

2 Transférer ce mélange dans une casserole, faire chauffer à feu très doux et incorporer le sucre. Saler, poivrer selon son goût et laisser frémir environ 15 minutes. Transférer la sauce dans une terrine en faïence et la poser à côté du barbecue pour la maintenir au chaud.

3 Rincer les gambas sous l'eau courante et essuyer avec du papier absorbant. Mélanger le persil et l'huile d'olive dans une terrine, ajouter les gambas et remuer pour bien les en enrober. Faire griller les gambas au-dessus de braises pas trop chaudes, 3 minutes de chaque côté, jusqu'à ce qu'elles aient

changé de couleur, disposer sur un plat de service, et garnir de quartiers de citron. Servir avec la sauce.

cocktail de kébabs à l'australienne

🔥 **cuisson : 6 à 10 min**   🕐 **préparation : 20 min**   **pour 4 personnes**

VALEURS NUTRITIONNELLES

Calories 516

Protéines . . . . .50 g

Glucides . . . . .41 g

Lipides . . . . .26 g

Acides gras saturés . . . . . . .5 g

variante

Pour cette recette, vous pouvez utiliser d'autres légumes, tels que des lanières de poivron rouge et des oignons grelots.

Un mets dont les Australiens raffolent et qui offre le meilleur de leur pays – les crevettes de la mer et la viande de l'intérieur des terres. Les kébabs sont badigeonnés d'une huile aromatisée avant la cuisson.

INGRÉDIENTS

12 crevettes tigrées crues

4 échalotes, coupées en deux

12 tomates cerises

2 cuil. à soupe d'huile de tournesol

½ cuil. à café de coriandre en poudre

poivre

KÉBABS DE RUMSTECK

400 g de rumsteck, coupé en cubes de 2,5 cm

4 oignons, coupés en quartiers

8 feuilles de laurier

2 cuil. à soupe d'huile de tournesol

½ cuil. à café de poudre de piment

KÉBABS DE POULET

400 g de blanc de poulet, sans la peau et coupé en cubes de 2,5 cm

2 courgettes, coupées en épaisses rondelles

2 tranches d'ananas frais, coupées en dés

2 cuil. à soupe d'huile de tournesol

2 cuil. à soupe de sauce de soja épaisse

2 cuil. à soupe de gelée de groseilles

poivre

conseil

Si vous utilisez des brochettes métalliques, badigeonnez-les d'huile avant de les garnir pour éviter que les aliments n'y adhèrent en cours de cuisson.

1 Préchauffer le barbecue. Étêter les crevettes, piquer les échalotes, les crevettes et les tomates cerises en alternance sur 4 brochettes en métal. Piquer les cubes de rumsteck, les quartiers d'oignons et les feuilles de laurier en alternance sur 4 brochettes en métal. Piquer les cubes de poulet, les rondelles de courgettes et les dés d'ananas en alternance sur 4 brochettes en métal.

2 Badigeonner les kébabs de crevettes d'un mélange d'huile et de coriandre en poudre additionné de poivre, badigeonner les kébabs de rumsteck d'un mélange d'huile et de piment en poudre et les kébabs de poulet d'un mélange d'huile, de sauce de soja et de gelée de groseilles additionné de poivre.

3 Faire cuire les kébabs de crevettes au-dessus de braises pas trop chaudes 6 à 8 minutes en les retournant fréquemment et en les badigeonnant du reste d'huile aromatisée à la coriandre. Faire cuire les kébabs de rumsteck sur la partie la plus chaude du barbecue 5 à 8 minutes en les retournant fréquemment et en les badigeonnant du reste d'huile aromatisée au piment. Faire cuire les kébabs de poulet au-dessus de braises pas trop chaudes 6 à 10 minutes, en les retournant fréquemment et en les badigeonnant du reste d'huile aromatisée au soja. Servir une fois tous les kébabs cuits.

volaille

Le poulet est l'un des aliments les plus cuisinés au barbecue ; ce chapitre a pour vocation d'explorer son étonnante polyvalence. En pilons, quartiers, blancs, ailes, cuisses ou cubes pour brochettes, cette volaille au goût plutôt modéré est idéale pour s'associer à une gamme immense de saveurs. Que vous l'aimiez épicé et fort, subtil et aromatique, richement parfumé ou fruité, vous trouverez à coup sûr un plat de poulet propre à séduire votre palais. Parmi les plus appréciés, on citera le poulet à la moutarde et au miel (voir page 54) et le poulet tikka (voir page 72) ainsi que les kébabs de la Jamaïque (voir page 56) et le poulet italien à la diable (voir page 70).

De nombreuses recettes de poulet peuvent être adaptées pour cuisiner les blancs et les escalopes de dinde. Ce chapitre propose d'autres grillades de dinde comme les roulés de dinde (voir page 77) servis avec une sauce aux groseilles – un bon choix pour recevoir des amis. Le canard convient bien à la cuisson au barbecue car il est naturellement charnu et conserve donc son moelleux. Cependant, pour impressionner vos invités, rien de plus alléchant que les coquelets – de jeunes poulets qui ont été écartelés et cuits entiers – à la sauge et au citron (voir page 60).

Toutes les recettes incluent de succulents pistous, sauces, salsas et tapenades. Essayez les pilons de poulet sauce piquante (voir page 55), les ailes de poulet épicées (voir page 69) accompagnées d'une sauce aux piments colorée ou les pitas farcies (voir page 74) avec une sauce pimentée. Mélangez ou assortissez les sauces pour satisfaire les goûts de vos invités et élargir votre répertoire en matière de cuisine au barbecue.

poulet cajun

cuisson : 25 à 30 min **préparation : 10 min** **pour 4 personnes**

VALEURS NUTRITIONNELLES	
Calories	388
Protéines	. . . . .19 g
Glucides	. . . . .7 g
Lipides	. . . . .32 g
Acides gras saturés	. . . . . .15 g

Le poulet et le maïs sont enrobés d'un mélange aromatique avant d'être grillés au barbecue et d'exhaler les saveurs provenant des différentes épices.

INGRÉDIENTS

4 pilons de poulet	1 cuil. à café ½ de sel
4 cuisses de poulet	1 cuil. à café d'ail en poudre
2 épis de maïs frais, enveloppe	1 cuil. à café de thym séché
et soies retirées	1 cuil. à café de poivre de Cayenne
85 g de beurre, fondu	1 cuil. à café de poivre noir
	½ cuil. à café de poivre blanc
MÉLANGE D'ÉPICES	1 pincée de cumin en poudre
2 cuil. à café d'oignon en poudre	
2 cuil. à café de paprika	

variante

Essayez la pâte épicée sur des darnes d'espadon. Enduisez le maïs et le poisson séparément puis faites cuire le maïs 15 minutes et le poisson 6 à 8 minutes.

conseil

Pour éplucher les épis de maïs, tirez délicatement l'enveloppe vers le bas puis coupez l'extrémité et retirez les soies.

1 Préchauffer le barbecue. À l'aide d'un couteau tranchant, pratiquer 2 ou 3 incisions en biais dans les pilons et les cuisses, et disposer dans une grande terrine. Couper les épis de maïs en épaisses rondelles et ajouter au poulet. Mélanger tous les ingrédients du mélange d'épices dans une petite terrine.

2 Enduire le poulet et le maïs de beurre fondu, saupoudrer du mélange d'épices, et remuer pour enrober tous les morceaux.

3 Faire cuire les morceaux de poulet au-dessus de braises pas trop chaudes 15 minutes en les retournant de temps en temps, ajouter les rondelles de maïs et faire griller 10 à 15 minutes, en les retournant, jusqu'à ce que les bords commencent à noircir. Transférer dans un grand plat de service et servir immédiatement.

poulet à la moutarde et au miel

pour 4 personnes   **préparation : 10 min,**
macération : 1 heure   **cuisson : 25 à 30 min**

Le poulet peut avoir un goût assez fade mais ce glaçage aigre-doux lui confère un savoureux piquant et lui permet de conserver son moelleux.

INGRÉDIENTS

8 pilons de poulet

brins de persil frais, en garniture

salade, en accompagnement

GLAÇAGE

125 ml de miel liquide

4 cuil. à soupe de moutarde de Dijon

4 cuil. à soupe de moutarde à l'ancienne

4 cuil. à soupe de vinaigre de vin blanc

2 cuil. à soupe d'huile de tournesol

sel et poivre

VALEURS NUTRITIONNELLES	
Calories 409	
Protéines . . . . .32 g	
Glucides . . . . .53 g	
Lipides . . . . .19 g	
Acides gras saturés . . . . . .4 g	

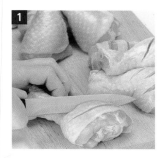

variante

Laissez mariner 1 kg de côtes de porc 1 heure dans le glaçage et faites-les cuire au-dessus de braises chaudes 15 à 20 minutes en les retournant souvent et en les enduisant de glaçage.

1 À l'aide d'un couteau tranchant, pratiquer 2 ou 3 incisions en biais dans les pilons et mettre dans une grande terrine non métallique.

2 Mélanger tous les ingrédients du glaçage dans un verre doseur, saler et poivrer selon son goût. Napper le poulet de glaçage, retourner les pilons pour bien les imprégner de marinade et couvrir de film alimentaire. Laisser mariner 1 heure au réfrigérateur.

3 Préchauffer le barbecue. Égoutter les pilons, réserver la marinade et faire cuire les morceaux de poulet au-dessus de braises pas trop chaudes 25 à 30 minutes, jusqu'à ce qu'ils soient bien cuits, en les retournant fréquemment et en les badigeonnant de marinade. Transférer sur des assiettes, garnir de brins de persil frais et servir immédiatement avec une salade.

pilons de poulet sauce piquante

cuisson : 2 heures

préparation : 10 min, refroidissement : 20 min

pour 6 personnes

Cette sauce riche en saveurs donne une couleur attrayante à ce mets et le rend irrésistible.

VALEURS NUTRITIONNELLES

Calories	.266
Protéines	.31 g
Glucides	.26 g
Lipides	.10 g
Acides gras saturés	.3 g

INGRÉDIENTS

12 pilons de poulet

SAUCE

1 oignon, haché

1 branche de céleri, hachée

1 gousse d'ail, finement hachée

800 g de tomates concassées en boîte

3 cuil. à soupe de sucre de canne

1 cuil. à soupe de paprika

¼ de cuil. à café de Tabasco

1 cuil. à soupe de sauce Worcester

poivre

conseil

Il existe deux variétés de paprika – le paprika doux au goût peu prononcé, et le paprika fort plus relevé. Cependant, aucune n'est aussi forte que le poivre de Cayenne.

1 Préchauffer le barbecue. Pour la sauce, rassembler tous les ingrédients dans une casserole à fond épais, porter à ébullition à feu doux et couvrir. Laisser frémir 1 heure, jusqu'à ce que l'oignon et le céleri soient fondants, retirer la casserole du feu et laisser refroidir.

2 Transférer la sauce dans un robot de cuisine, mixer jusqu'à obtention d'une purée et passer au tamis dans une casserole, en pressant avec le dos d'une cuillère en métal. Porter à ébullition à feu doux et laisser frémir 25 minutes, jusqu'à ce que la sauce ait réduit et épaissi.

3 Enduire les pilons de sauce et les faire griller au-dessus de braises pas trop chaudes 25 à 30 minutes, en les retournant et en les badigeonnant fréquemment de sauce. Réchauffer le reste de sauce avant de servir avec les pilons.

kébabs de la Jamaïque

pour 4 personnes

préparation : 15 min,
macération : 1 heure

cuisson : 6 à 10 min

Par une chaude journée d'été, il n'existe rien de meilleur que des brochettes de poulet agrémentées de fruits exotiques et d'un peu de rhum. Servez-les avec une salade pour composer un déjeuner copieux.

INGRÉDIENTS

2 mangues

4 blancs de poulet de 175 g chacun, sans la peau et coupés en cubes de 2,5 cm

1 cuil. à soupe de rhum ambré

zeste finement râpé et jus d'un citron vert

1 cuil. à soupe de sucre de canne

1 cuil. à café de mélange d'épices

VALEURS NUTRITIONNELLES

Calories 270

Protéines . . . . .39 g

Glucides . . . . .30 g

Lipides . . . . .6 g

Acides gras saturés . . . . . . .2 g

---

variante

Essayez de remplacer le poulet par de la dinde, le rhum par du vin blanc et le mélange d'épices par de la cannelle.

---

conseil

Assurez-vous que les cubes de poulet sont à peu près de la même grosseur pour qu'ils cuisent de manière uniforme. Avant de servir, vérifiez leur cuisson.

1 À l'aide d'un couteau tranchant, couper la mangue en dés, détacher la chair du noyau en 2 parties et couper la chair en dessinant un motif de treillis sans couper la peau. Retourner la peau, détacher les dés de la peau et réserver. Disposer le poulet dans une terrine non métallique peu profonde, parsemer de zeste de citron

vert et ajouter le jus de citron vert, le rhum, le sucre et le mélange d'épices. Retourner les morceaux de poulet de façon à bien les imprégner, couvrir de film alimentaire et laisser mariner 1 heure au réfrigérateur.

2 Préchauffer le barbecue. Égoutter le poulet, réserver la marinade et piquer

les morceaux de poulet et de mangue en alternance sur 8 brochettes en bois préalablement trempées dans l'eau.

3 Faire cuire les kébabs au-dessus de braises pas trop chaudes 6 à 10 minutes, en les retournant et en les badigeonnant fréquemment de marinade,

disposer les kébabs sur un grand plat de service et servir immédiatement.

kébabs aux agrumes

cuisson : 6 à 10 min

préparation : 10 min, macération : 8 heures

pour 4 personnes

Ces kébabs délicieusement rafraîchissants sont marinés dans un pétillant mélange de jus et de zeste d'agrumes. Très simples à préparer, ils composent un plat parfait pour un barbecue.

VALEURS NUTRITIONNELLES

Calories	290
Protéines	.............38 g
Glucides	.............20 g
Lipides	.............11 g
Acides gras saturés	.......3 g

variante

Remplacez le zeste de citron par la même quantité de zeste de citron vert et la menthe fraîche hachée par de la coriandre ou du persil frais.

INGRÉDIENTS

4 blancs de poulet de 175 g chacun, sans la peau

zeste finement râpé et jus d'un demi-citron

zeste finement râpé et jus d'une demi-orange

2 cuil. à soupe de miel liquide

2 cuil. à soupe d'huile d'olive

2 cuil. à soupe de menthe fraîche hachée

1 pincée de coriandre en poudre

sel et poivre

GARNITURE

brins de menthe fraîche

zeste d'agrumes

conseil

Ne serrez pas trop les morceaux de poulet sur les brochettes car ils ne cuiraient pas de manière uniforme ; le centre risquerait de n'être pas cuit.

1 Couper le poulet en cubes de 2,5 cm et les mettre dans une grande terrine en verre. Mélanger le zeste de citron et d'orange, le jus de citron et d'orange, le miel, l'huile, la menthe et la coriandre en poudre dans un verre doseur, saler et poivrer selon son goût. Bien remuer, arroser le poulet de cette marinade et retourner pour imprégner tous les morceaux. Couvrir de film alimentaire et laisser mariner 8 heures au réfrigérateur.

2 Préchauffer le barbecue. Égoutter le poulet, réserver la marinade et piquer les morceaux de poulet sur plusieurs longues brochettes en métal.

3 Faire cuire les kébabs 6 à 10 minutes au-dessus de braises pas trop chaudes en les retournant et en les badigeonnant fréquemment de marinade. Disposer les kébabs dans un grand plat de service, garnir de brins de menthe fraîche et de lanières de zeste d'agrumes, et servir immédiatement.

coquelets à la sauge et au citron

pour 4 personnes   **préparation : 30 min**   **cuisson : 20 à 30 min**

Les coquelets à la crapaudine sont un choix idéal pour un barbecue car ils sont faciles à préparer et beaux. Vous pouvez les acheter tout préparés chez votre boucher ou bien les ouvrir vous-mêmes.

INGRÉDIENTS

4 coquelets de 500 g chacun

1 citron

2 cuil. à soupe de sauge fraîche hachée

sel et poivre

GARNITURE

brins d'herbes aromatiques fraîches

rondelles de citron

VALEURS NUTRITIONNELLES

Calories	.375
Protéines	.39 g
Glucides	.0 g
Lipides	.24 g
Acides gras saturés	.7 g

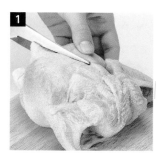

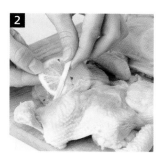

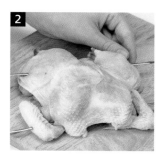

conseil

Vous pouvez aussi embrocher le coquelet en formant une croix : piquez une brochette à travers une aile et faites-la ressortir par la cuisse du côté opposé. Répétez l'opération de l'autre côté avec une seconde brochette.

1 Préchauffer le barbecue. Pour ouvrir les coquelets, poser le coquelet poitrine dessous et, à l'aide de grosses cisailles à volaille, entailler la peau et fendre la carcasse de part et d'autre de l'épine dorsale, du croupion à la tête. Retirer l'épine dorsale, retourner le coquelet poitrine dessus et appuyer fermement sur le bréchet

de la paume de la main pour l'aplatir. Répéter l'opération avec les autres coquelets.

2 Couper une moitié du citron en fines rondelles, râper finement le zeste de l'autre moitié et mélanger à la sauge dans une petite terrine. Décoller la peau de la poitrine et des cuisses des coquelets, enduire

la chair du mélange citron-sauge et insérer les rondelles de citron. Remettre la peau en place, piquer une brochette à travers une aile, le haut de la poitrine et l'autre aile, piquer une seconde brochette à travers une cuisse, le bas de la poitrine et l'autre cuisse et répéter l'opération avec les autres coquelets, saler et poivrer selon son goût.

3 Faire griller les coquelets au-dessus de braises pas trop chaudes 10 à 15 minutes de chaque côté et servir immédiatement, garnis de brins d'herbes aromatiques fraîches et de rondelles de citron.

poulet jerk

cuisson : 30 à 35 min

préparation : 15 min, macération : 8 heures

pour 4 personnes

Cet assaisonnement composé d'herbes et d'épices vient de Jamaïque. À l'origine, il était destiné à aromatiser le porc mais il est maintenant très apprécié avec le poulet.

VALEURS NUTRITIONNELLES	
Calories	.258
Protéines	.38 g
Glucides	.7 g
Lipides	.10 g
Acides gras saturés	.2 g

INGRÉDIENTS

2 piments rouges frais

2 cuil. à soupe d'huile de maïs

2 gousses d'ail, finement hachées

1 cuil. à soupe d'oignon finement haché

1 cuil. à soupe d'oignon vert haché

1 cuil. à soupe de vinaigre de vin blanc

1 cuil. à soupe de jus de citron vert

2 cuil. à café de sucre roux

1 cuil. à café de thym séché

1 cuil. à café de cannelle en poudre

1 cuil. à café de mélange d'épices en poudre

1 pincée de noix muscade râpée

sel et poivre

4 quartiers de poulet

conseil

Comme accompagnement : parez 2 bananes plantain, faites cuire 20 minutes dans de l'eau bouillante et égouttez. Épluchez et coupez en tronçons de 5 cm. Piquez sur des brochettes, huilez et grillez 6 minutes.

1 Épépiner, hacher finement les piments rouges et mettre dans une petite terrine en verre avec l'huile, l'ail, l'oignon, l'oignon vert, le vinaigre, le jus de citron vert, le sucre, le thym, la cannelle, le mélange d'épices et la noix muscade. Saler, poivrer selon son goût, et réduire en purée à l'aide d'une fourchette.

2 À l'aide d'un couteau tranchant, pratiquer plusieurs incisions en biais dans les quartiers de poulet, disposer ceux-ci dans une grande terrine non métallique peu profonde et enduire de l'assaisonnement aux épices et aux herbes en imprégnant bien les fentes. Couvrir et laisser mariner 8 heures au réfrigérateur.

3 Préchauffer le barbecue. Retirer les morceaux de poulet de la marinade sans réserver celle-ci, badigeonner d'huile et faire cuire au-dessus de braises pas trop chaudes 30 à 35 minutes en les retournant fréquemment. Transférer le poulet sur des assiettes et servir.

poulet thaï

cuisson : 30 à 35 min

**préparation : 10 min,
macération : 8 heures**

pour 4 personnes

VALEURS NUTRITIONNELLES

Calories 268

Protéines . . . . .33 g

Glucides . . . . .15 g

Lipides . . . . .11 g

Acides gras saturés . . . . . . .3 g

En Thaïlande, les échoppes de rue servent des repas et des en-cas jour et nuit. Le poulet aux épices grillé au barbecue est le plus prisé. Accompagné de salade verte, il constituera un délicieux déjeuner.

INGRÉDIENTS

4 quartiers ou 8 morceaux de poulet

2 feuilles de lime kafir, ciselées

6 gousses d'ail, grossièrement hachées

1 botte d'oignons verts, grossièrement hachés

1 morceau de gingembre frais de 2,5 cm, grossièrement haché

½ botte de coriandre, grossièrement hachée

1 cuil. à soupe de sucre de palme

125 ml de lait de coco

2 cuil. à soupe de sauce de poisson thaïe

2 cuil. à soupe de sauce de soja épaisse

quartiers de citron vert, en garniture

variante

Pour une sauce, mélangez 4 cuil. à soupe de sauce de poisson, 2 cuil. à soupe de jus de citron, 2 gousses d'ail hachées, 1 cuil. à soupe de sucre et 1 cuil. à soupe de poudre de piment.

conseil

Le sucre de palme, les racines de coriandre et la sauce de poisson thaïe sont disponibles dans les magasins asiatiques. Si vous ne trouvez pas de sucre de palme, remplacez-le par du sucre roux.

1 Disposer le poulet, en une seule couche, dans une grande terrine non métallique peu profonde, mettre les feuilles de lime kafir, l'ail, les oignons verts, le gingembre, la coriandre, le sucre de palme, la sauce de poisson et la sauce de soja dans un robot de cuisine, et mixer jusqu'à obtention d'une purée onctueuse. Verser le mélange

d'épices sur les morceaux de poulet, retourner pour bien les enrober et couvrir le plat de film alimentaire. Laisser mariner 8 heures au réfrigérateur.

2 Préchauffer le barbecue. Égoutter le poulet et réserver la marinade.

3 Faire cuire le poulet 30 à 35 minutes

au-dessus de braises pas trop chaudes en le retournant et en le badigeonnant fréquemment de marinade, jusqu'à ce qu'il soit bien cuit, et servir immédiatement garni de quartiers de citron vert.

poulet à l'indienne

cuisson : 25 à 30 min

**préparation : 10 min,
macération : 8 heures**

pour 4 personnes

VALEURS NUTRITIONNELLES

Calories 243

Protéines . . . . .39 g

Glucides . . . . .6 g

Lipides . . . . .8 g

Acides gras saturés . . . . . . .2 g

variante

Vous pouvez également servir ce plat avec des naans à l'ail, du pain frais ou même du riz.

*Cette recette se réalise traditionnellement avec des coquelets ;
ici on utilise des morceaux de poulet, mais libre à vous d'acheter
des coquelets et de les ouvrir (voir page 60) pour les cuire au barbecue.*

INGRÉDIENTS

1 cuil. à soupe de pâte de curry

1 cuil. à soupe de ketchup

1 cuil. à café de poudre de cinq-épices

1 piment rouge frais, épépiné
et finement haché

1 cuil. à café de sauce Worcester

1 cuil. à café de sucre

sel

8 morceaux de poulet sans la peau

huile, pour badigeonner

naans (pains indiens),
en accompagnement

GARNITURE

quartiers de citron vert

brins de coriandre fraîche

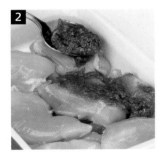

conseil

Toutes les pâtes de curry sont assez fortes mais certaines sont plus relevées que d'autres. Utilisez-les avec parcimonie jusqu'à ce que vous trouviez une variété qui convienne à votre palais.

1 Mettre la pâte de curry, le ketchup, le cinq-épices, le piment, la sauce Worcester et le sucre dans une petite terrine, remuer jusqu'à dissolution du sucre et saler selon son goût.

2 Mettre les morceaux de poulet dans une grande terrine non métallique peu profonde,

les napper de pâte d'épices et frotter du doigt pour bien les imprégner. Couvrir de film alimentaire et laisser mariner 8 heures au réfrigérateur.

3 Préchauffer le barbecue. Retirer les morceaux de poulet de la pâte d'épices, badigeonner d'huile et faire cuire 25 à 30 minutes au-dessus de braises pas trop

chaudes en les retournant de temps en temps. Faire chauffer les naans au barbecue et servir avec le poulet, garni de quartiers de citron vert et de brins de coriandre.

satay de poulet

pour 4 personnes   préparation : 20 min,   cuisson : 10 min
macération : 8 heures

*C'est un mets délicieux pour un barbecue. Il n'est pas vraiment
facile de piquer les cubes de poulet mariné sur les brochettes
mais le résultat est à la hauteur de l'effort consenti.*

INGRÉDIENTS

8 cuil. à soupe de beurre de cacahuètes
avec des éclats de cacahuètes

1 oignon, grossièrement haché

1 gousse d'ail, grossièrement hachée

2 cuil. à soupe de crème de coco

4 cuil. à soupe d'huile d'arachide

1 cuil. à café de sauce de soja claire

2 cuil. à soupe de jus de citron vert

2 piments rouges frais, épépinés
et hachés

3 feuilles de lime kafir, ciselées

4 blancs de poulet, sans la peau
et coupés en cubes de 2,5 cm

VALEURS NUTRITIONNELLES

Calories 656

Protéines . . . . .52 g

Glucides . . . . .13 g

Lipides . . . . .47 g

Acides gras saturés . . . . . .12 g

variante

Remplacez le poulet par 500 g
de crevettes tigrées crues et faites-les
cuire 3 à 4 minutes de chaque côté.

conseil

Avant de faire cuire
les brochettes, badigeonnez
la grille d'huile, de tournesol
par exemple, pour empêcher
la viande d'attacher.

1 Mettre le beurre
de cacahuètes,
l'oignon, l'ail, la crème
de coco, l'huile d'arachide,
la sauce de soja, le jus de citron
vert, les piments et les feuilles
de lime dans un robot
de cuisine, mixer jusqu'à
obtention d'une pâte
onctueuse et transférer dans
une grande terrine en verre.

2 Ajouter les cubes
de poulet, remuer pour
bien les enrober de pâte
et couvrir de film alimentaire.
Laisser mariner 8 heures
au réfrigérateur.

3 Préchauffer le barbecue.
Piquer le poulet sur
plusieurs brochettes en bois
préalablement trempées

dans l'eau, réserver
la marinade et faire cuire
les brochettes au-dessus
de braises pas trop chaudes
10 minutes, jusqu'à ce qu'elles
soient bien cuites,
en les retournant et en les
badigeonnant fréquemment
de marinade. Transférer dans
un grand plat de service
et servir immédiatement.

ailes de poulet épicées

cuisson : 18 à 20 min

préparation : 15 min, macération : 8 heures

pour 4 personnes

VALEURS NUTRITIONNELLES	
Calories 363	
Protéines . . . . .26 g	
Glucides . . . . .56 g	
Lipides . . . . .16 g	
Acides gras saturés . . . . . . .3 g	

Ces ailes de poulet, marinées aux épices et servies avec une sauce aux poivrons vivement colorée, sont savoureuses à souhait ; elles feront un plat appétissant à déguster lors d'un barbecue estival.

INGRÉDIENTS

16 ailes de poulet

4 cuil. à soupe d'huile de tournesol

4 cuil. à soupe de sauce de soja claire

1 morceau de gingembre frais de 5 cm, grossièrement haché

2 gousses d'ail, grossièrement hachées

jus et zeste râpé d'un citron

2 cuil. à café de cannelle en poudre

2 cuil. à café de curcuma

4 cuil. à soupe de miel liquide

sel et poivre

SAUCE

2 poivrons orange

2 poivrons jaunes

huile de tournesol, pour badigeonner

125 ml de yaourt nature

2 cuil. à soupe de sauce de soja épaisse

2 cuil. à soupe de coriandre fraîche hachée

variante

Remplacez les poivrons jaunes et orange par des verts et rouges. Sinon, optez seulement pour des poivrons rouges.

conseil

Pour les rendre plus présentables, vous pouvez découper les extrémités des ailes de poulet à l'aide de grosses cisailles à volaille.

1 Disposer les ailes de poulet dans une grande terrine non métallique peu profonde. Mettre l'huile, la sauce de soja, le gingembre, l'ail, le zeste et le jus de citron, la cannelle, le curcuma et le miel dans un robot de cuisine, mixer jusqu'à obtention d'une pâte homogène, saler et poivrer selon son goût. Enduire

les ailes de poulet de cette pâte, les retourner pour bien les enrober, et couvrir de film alimentaire. Laisser mariner 8 heures au réfrigérateur.

2 Préchauffer le barbecue. Pour la sauce, badigeonner les poivrons d'huile, faire griller 10 minutes au-dessus de braises chaudes en les retournant

fréquemment, jusqu'à ce que la peau noircisse, et retirer du barbecue. Laisser refroidir, retirer la peau et les pépins et mettre la chair des poivrons dans un robot de cuisine avec le yaourt. Mixer jusqu'à obtention d'une consistance homogène, transférer dans une terrine et incorporer la sauce de soja et la coriandre hachée.

3 Égoutter les ailes de poulet en réservant la marinade, faire cuire 8 à 10 minutes au-dessus de braises pas trop chaudes, jusqu'à ce qu'elles soient bien cuites en les retournant et en les badigeonnant fréquemment de marinade, et servir immédiatement avec la sauce.

poulet italien à la diable

pour 4 personnes

préparation : 10 min,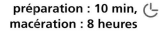
macération : 8 heures

cuisson : 6 à 10 min

Les peperoncini, des piments rouges de la région des Abruzzes en Italie, sont si forts qu'on les surnomme « petits diables ». On prétend qu'ils sont aussi « vifs que Lucifer en personne ».

INGRÉDIENTS

4 blancs de poulet de 175 g chacun, sans la peau et coupés en cubes de 2,5 cm

125 ml d'huile d'olive

zeste finement râpé et jus d'un citron

2 gousses d'ail, finement hachées

2 cuil. à café de piments rouges séchés finement hachés

sel et poivre

brins de persil plat frais, en garniture

VALEURS NUTRITIONNELLES

Calories	.403
Protéines	.38 g
Glucides	.2 g
Lipides	.28 g
Acides gras saturés	.5 g

variante

Vous pouvez également préparer ces kébabs avec des cuisses de poulet désossées et sans la peau.

1 Disposer les cubes de poulet dans une grande terrine non métallique peu profonde. Mettre l'huile d'olive, le zeste et le jus de citron, l'ail et les piments dans un verre doseur, bien mélanger, saler et poivrer selon son goût.

2 Arroser le poulet de cette marinade, retourner les morceaux pour bien les imprégner et couvrir de film alimentaire. Laisser mariner 8 heures au réfrigérateur.

3 Préchauffer le barbecue. Égoutter le poulet en réservant la marinade, piquer les morceaux de poulet sur plusieurs brochettes en bois préalablement trempées dans l'eau, et faire cuire 6 à 10 minutes au-dessus de braises pas trop chaudes, jusqu'à ce qu'ils soient bien cuits en les retournant et en les badigeonnant fréquemment de marinade. Transférer dans un grand plat de service, garnir de brins de persil et servir immédiatement.

poulet Louisiane

cuisson : 6 min   préparation : 10 min   pour 4 personnes

*Ce type de plat – assaisonné d'épices et d'herbes aromatiques
et grillé sur feu vif – est aujourd'hui assimilé à la cuisine cajun
et notamment à la Louisiane, mais il a été inventé assez récemment.*

VALEURS NUTRITIONNELLES	
Calories 229	
Protéines . . . . .39 g	
Glucides . . . . .4 g	
Lipides . . . . .7 g	
Acides gras saturés . . . . . . .2 g	

INGRÉDIENTS

4 blancs de poulet de 175 g chacun,
sans la peau

2 cuil. à soupe de yaourt nature

1 cuil. à soupe de jus de citron

1 gousse d'ail, très finement hachée

1 cuil. à café de paprika

1 cuil. à café de cumin en poudre

1 cuil. à café de moutarde en poudre

½ cuil. à café de thym séché

½ cuil. à café d'origan séché

½ cuil. à café de poivre de Cayenne

huile de tournesol, pour badigeonner

fines rondelles d'oignon, en garniture

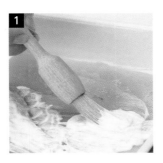

conseil

Si vous le souhaitez, remplacez
le poulet par des steaks
de thon mais ne les dédoublez
pas. Faites-les griller 4 minutes
de chaque côté au-dessus de
braises pas trop chaudes et
servez-les immédiatement.

1 Préchauffer le barbecue. À l'aide d'un couteau tranchant, couper les blancs de poulet en deux à l'horizontale, aplatir à la main et mettre dans une grande terrine non métallique peu profonde. Mélanger le yaourt et le jus de citron dans une petite terrine et badigeonner le poulet de ce mélange.

2 Ajouter l'ail, le paprika, le cumin, la moutarde en poudre, le thym, l'origan et le poivre de Cayenne dans une autre terrine, bien remuer et en parsemer le poulet.

3 Enduire les morceaux de poulet d'huile, faire griller au-dessus de braises pas trop chaudes 3 minutes de chaque côté, jusqu'à ce qu'ils commencent à noircir, et transférer dans un grand plat de service. Garnir de rondelles d'oignon et servir immédiatement.

poulet tikka

cuisson : 15 min

**préparation : 15 min,
macération : 8 heures**

pour 4 personnes

VALEURS NUTRITIONNELLES

Calories 228

Protéines . . . . .33 g

Glucides . . . . .18 g

Lipides . . . . .7 g

Acides gras saturés . . . . . . .2 g

variante

Pour une occasion spéciale, ajoutez
de la couleur, en utilisant en garniture
des oignons rouges à la place
des traditionnels oignons jaunes.

*À la cuisson, ce plat coloré exhale un arôme absolument irrésistible
et envoûtant – vous ne serez vraiment pas déçu.*

INGRÉDIENTS

500 g de poulet, désossé, sans la peau,
et coupé en cubes de 5 cm

1 gousse d'ail, finement hachée

1 morceau de gingembre frais de 1 cm,
finement haché

150 ml de yaourt nature

4 cuil. à soupe de jus de citron

1 cuil. à café de poudre de piment

1 pincée de curcuma

1 cuil. à soupe de coriandre fraîche
hachée

huile, pour badigeonner

naans (pains indiens),
en accompagnement

RAITA

½ concombre

1 piment vert frais, épépiné
et finement haché

300 ml de yaourt nature

½ cuil. à café de cumin en poudre

sel

GARNITURE

fines rondelles d'oignon

brins de coriandre fraîche

quartiers de citron

conseil

Pour couper les piments frais,
il est conseillé de porter
des gants car ils risquent
d'irriter la peau même après
plusieurs heures. Sinon, lavez-
vous bien les mains après
manipulation.

1 Mettre le poulet dans
une grande terrine
en verre, ajouter l'ail,
le gingembre, le yaourt, le jus
de citron, le piment en poudre,
le curcuma et la coriandre,
et bien remuer. Couvrir de film
alimentaire et laisser mariner
8 heures au réfrigérateur.

2 Préchauffer le barbecue.
Pour le raita, couper

le concombre en épaisses
rondelles, hacher finement et
mettre dans une terrine avec
le piment. Incorporer le yaourt
en battant à l'aide d'une
fourchette, ajouter le cumin
et saler selon son goût.
Couvrir et laisser refroidir
au réfrigérateur.

3 Piquer les morceaux
de poulet sur

des brochettes en bois
préalablement trempées dans
l'eau, badigeonner d'huile
et faire cuire les morceaux
de poulet 15 minutes
au-dessus de braises pas trop
chaudes, jusqu'à ce qu'ils
soient bien cuits en
les retournant et en
les badigeonnant
fréquemment d'huile.
Faire chauffer brièvement

les naans au barbecue. Retirer
le poulet des brochettes,
disposer sur des assiettes
et garnir de rondelles d'oignon,
de brins de coriandre
et de quartiers de citron. Servir
avec des naans et du raita.

pitas farcies

pour 4 personnes

préparation : 30 min,
macération : 2 heures

cuisson : 35 min

Pour plus de facilité, on choisit de cuire le poulet sur des brochettes et de le mélanger ensuite à la salade pour farcir les pitas.

INGRÉDIENTS

500 g de poulet désossé, sans la peau
et coupé en cubes de 2,5 cm

3 cuil. à soupe de yaourt nature

1 cuil. à café de poudre de piment

3 cuil. à soupe de jus de citron vert

1 cuil. à soupe de coriandre fraîche
hachée

1 piment vert frais, épépiné
et finement haché

1 cuil. à soupe d'huile de tournesol

sel

4 pitas (pains grecs)

¼ de laitue iceberg, ciselée

2 tomates, coupées en rondelles

8 oignons verts, hachés

1 cuil. à soupe de jus de citron

8 piments jalapeno en conserve, égouttés

SAUCE

2 cuil. à soupe d'huile de tournesol

1 oignon, haché

2 gousses d'ail, hachées

4 grosses tomates, mondées, épépinées
et concassées

2 piments rouges frais, épépinés
et hachés

1 pincée de cumin en poudre

sel et poivre

VALEURS NUTRITIONNELLES

Calories 519

Protéines . . . . .39 g

Glucides . . . . .73 g

Lipides . . . . .14 g

Acides gras saturés . . . . . . .3 g

variante

Si vous préférez un plat moins relevé, omettez les piments jalapeno et utilisez un piment rouge frais, épépiné et haché ajouté à la sauce.

conseil

Lorsque vous garnissez les brochettes, laissez une petit intervalle entre les morceaux de poulet pour que la cuisson soit uniforme.

1 Mettre le poulet dans une grande terrine. Mélanger le yaourt, la poudre de piment, le jus de citron vert, la coriandre fraîche, le piment vert et l'huile de tournesol dans un verre doseur, saler et napper le poulet de ce mélange. Remuer pour bien enrober le poulet, couvrir de film alimentaire et laisser mariner 2 heures au réfrigérateur.

2 Préchauffer le barbecue. Pour la sauce au piment, faire chauffer l'huile dans une casserole, ajouter l'oignon et l'ail et faire cuire 10 minutes à feu doux en remuant de temps en temps, jusqu'à ce qu'ils soient tendres et dorés. Ajouter les tomates, les piments et le cumin, saler et poivrer selon son goût, et laisser mijoter 15 minutes, jusqu'à épaississement.

3 Réserver au chaud la casserole de sauce au piment à côté du barbecue, égoutter le poulet et réserver la marinade. Piquer les morceaux de poulet sur des brochettes en bois préalablement trempées dans l'eau, faire griller les brochettes de poulet 6 à 10 minutes au-dessus de braises pas trop chaudes, jusqu'à ce qu'elles soient bien cuites

en les retournant et en les badigeonnant fréquemment de marinade. Couper les pitas en deux et faire dorer sur le barbecue. Retirer les morceaux de poulet des brochettes, les glisser dans les pitas avec la laitue, les tomates, les oignons verts et arroser de jus de citron. Garnir de piments jalapeno et servir immédiatement avec la sauce au piment.

dinde à l'estragon

pour 4 personnes   **préparation : 10 min** 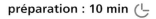   **cuisson : 10 à 16 min**

Ce plat économique est simple et rapide à préparer ; sa saveur absolument exquise doit beaucoup à l'association subtile de la volaille et de l'estragon.

INGRÉDIENTS

4 escalopes de dinde de 175 g chacune

sel et poivre

4 cuil. à café de moutarde à l'ancienne

8 brins d'estragon frais,
un peu plus en garniture

4 tranches de lard fumé

feuilles de salade, en accompagnement

VALEURS NUTRITIONNELLES	
Calories	.296
Protéines	.48 g
Glucides	.1 g
Lipides	.11 g
Acides gras saturés	.4 g

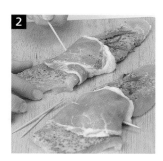

conseil

Préférez l'estragon frais car l'estragon séché est plutôt fade.

1 Préchauffer le barbecue. Saler et poivrer les escalopes selon son goût, et, à l'aide d'un couteau à bout rond, tartiner de moutarde en couche uniforme.

2 Poser 2 brins d'estragon sur chaque escalope, enrouler une tranche de lard fumé autour pour maintenir l'estragon en place, et fermer à l'aide d'une pique à cocktail.

3 Faire cuire au-dessus de braises pas trop chaudes 5 à 8 minutes de chaque côté, transférer sur des assiettes et garnir de brins d'estragon. Servir avec des feuilles de salade.

roulés de dinde

cuisson : 30 min   **préparation : 20 min**   **pour 4 personnes**

Ces roulés de volaille parfumés aux herbes aromatiques, moelleux et farcis au fromage fondu, sont servis avec un condiment aux groseilles ; ils seraient tout aussi délicieux avec une sauce moutarde (voir page 13).

VALEURS NUTRITIONNELLES
Calories 430
Protéines . . . . .54 g
Glucides . . . . .12 g
Lipides . . . . .21 g
Acides gras saturés . . . . . . .9 g

INGRÉDIENTS

2 cuil. à soupe d'huile de tournesol

sel et poivre

4 cuil. à soupe de marjolaine fraîche hachée

4 escalopes de dinde

4 cuil. à café de moutarde douce

175 g d'emmental, râpé

1 poireau, émincé

CONDIMENT AUX GROSEILLES

115 g de groseilles

2 cuil. à soupe de menthe fraîche hachée

2 cuil. à café de miel liquide

1 cuil. à café de vinaigre de vin rouge

conseil

Pour le condiment, utilisez des groseilles fraîches ou congelées. Pour détacher les groseilles fraîches de leur tige, laissez simplement glisser les dents d'une fourchette le long de la tige au-dessus d'une terrine.

1 Préchauffer le barbecue. Pour le condiment aux groseilles mettre tous les ingrédients dans une terrine, réduire en purée à l'aide d'une fourchette, saler et poivrer selon son goût. Couvrir de film alimentaire et laisser refroidir au réfrigérateur.

2 Verser l'huile dans une terrine, poivrer et incorporer 2 cuillerées à café de marjolaine. Réserver. Placer les escalopes de dinde entre deux feuilles de film alimentaire et aplatir à l'aide d'un maillet à viande. Saler, poivrer selon son goût et tartiner de moutarde. Répartir le fromage, le poireau et la marjolaine sur les quatre escalopes, rouler et fermer avec de la ficelle de cuisine.

3 Badigeonner les roulés d'huile aromatisée, faire cuire 30 minutes au-dessus de braises pas trop chaudes, en les retournant et en les enduisant fréquemment d'huile, et servir immédiatement avec le condiment aux groseilles.

dinde et tapenade de tomates séchées

⏱ **cuisson : 10 à 15 minutes**

⏱ **préparation : 10 min, macération : 1 heure**

pour 4 personnes

Les tomates séchées au soleil ont une saveur riche et fruitée qui se marie merveilleusement bien à la dinde marinée ; ce plat est idéal à déguster par une chaude journée d'été.

variante

Ce plat est également excellent avec des escalopes de poulet. Vérifiez la cuisson du poulet avant de servir.

INGRÉDIENTS

4 escalopes de dinde

MARINADE

150 ml de vin blanc

1 cuil. à soupe de vinaigre de vin blanc

1 cuil. à soupe d'huile d'olive

1 gousse d'ail, hachée

1 cuil. à soupe de persil frais haché

poivre

TAPENADE

225 g de tomates séchées au soleil dans l'huile, égouttées

4 filets d'anchois en boîte, égouttés

1 gousse d'ail, hachée

1 cuil. à soupe de jus de citron

3 cuil. à soupe de persil frais haché

conseil

Laissez mariner la viande dans une terrine non métallique car les marinades renferment des ingrédients acides comme le vinaigre ou le vin qui, en contact avec le métal, risquent d'altérer le goût de la viande.

1 Mettre les escalopes de dinde dans une terrine non métallique peu profonde. Ajouter les ingrédients de la marinade dans un verre doseur, battre énergiquement pour bien mélanger et arroser les escalopes de marinade. Retourner pour que les escalopes soient bien imprégnées de marinade, couvrir de film alimentaire

et laisser mariner 1 heure au réfrigérateur.

2 Préchauffer le barbecue. Pour la tapenade, rassembler tous les ingrédients dans un robot de cuisine, mixer jusqu'à obtention d'une pâte homogène et transférer dans une terrine. Couvrir de film alimentaire et laisser refroidir au réfrigérateur.

3 Égoutter les escalopes en réservant la marinade, faire cuire 10 à 15 minutes au-dessus de braises pas trop chaudes, en les retournant et en les badigeonnant fréquemment de marinade et transférer sur 4 grandes assiettes. Garnir de tapenade aux tomates séchées et servir immédiatement.

kébabs de dinde et pistou à la coriandre

pour 4 personnes

préparation : 15 min,
macération : 2 heures

cuisson : 10 min

Ces kébabs de dinde, aux saveurs méditerranéennes, forment une association idéale avec une salade de haricots verts par exemple.

INGRÉDIENTS

450 g de dinde désossée, sans la peau
et coupée en cubes de 5 cm

2 courgettes, coupées
en épaisses rondelles

1 poivron rouge et 1 poivron jaune,
épépinés et coupés en cubes de 5 cm

8 tomates cerises

8 oignons grelots

MARINADE

6 cuil. à soupe d'huile d'olive

3 cuil. à soupe de vin blanc sec

2 cuil. à soupe de coriandre fraîche
hachée

1 cuil. à café de grains de poivre vert,
écrasés

sel

PISTOU À LA CORIANDRE

55 g de feuilles de coriandre fraîche

15 g de feuilles de persil frais

1 gousse d'ail

55 g de pignons de pin

25 g de parmesan, fraîchement râpé

6 cuil. à soupe d'huile d'olive
vierge extra

jus d'un citron

VALEURS NUTRITIONNELLES

Calories 596

Protéines . . . . .33 g

Glucides . . . . .19 g

Lipides . . . . .46 g

Acides gras saturés . . . . . . .7 g

variante

Si vous préférez le pistou classique, remplacez la coriandre par une quantité équivalente de basilic frais.

conseil

Il est préférable d'utiliser des grains de poivre vert lyophilisés plutôt que ceux en conserve qui ont tendance à avoir un goût de vinaigre. Si vous optez pour le poivre en conserve, égouttez et rincez avant usage.

1 Mettre les morceaux de dinde dans une grande terrine en verre. Pour la marinade, mélanger l'huile d'olive, le vin, le poivre vert et la coriandre dans un verre doseur, saler selon son goût et arroser la dinde de ce mélange. Retourner les morceaux pour bien les enrober, couvrir de film alimentaire et laisser mariner 2 heures au réfrigérateur.

2 Préchauffer le barbecue. Pour le pistou, mettre la coriandre et le persil dans un robot de cuisine, et mixer pour obtenir un hachis. Ajouter l'ail et les pignons et mixer de nouveau. Ajouter le parmesan, l'huile et le jus de citron, mixer et transférer le pistou dans une terrine. Couvrir et laisser refroidir au réfrigérateur.

3 Égoutter la dinde, réserver la marinade et piquer en alternance les morceaux de dinde, les rondelles de courgette, les cubes de poivron, les tomates cerises et les oignons grelots sur des brochettes en métal. Faire griller les kébabs 10 minutes au-dessus de braises pas trop chaudes, en les retournant

et en les badigeonnant fréquemment de marinade et servir immédiatement avec le pistou à la coriandre.

canard aux fruits

cuisson : 12 à 16 min   **préparation : 10 minutes**   **pour 4 personnes**

Abricots et oignons contrebalancent la saveur riche du canard. Sa teneur en graisses lui permet de rester moelleux sans qu'il soit nécessaire de l'arroser. Les fleurs d'oignon vert lui confèrent une touche élégante.

INGRÉDIENTS

4 blancs de canard

115 g d'abricots secs

2 échalotes, finement émincées

2 cuil. à soupe de miel liquide

1 cuil. à café d'huile de sésame

2 cuil. à café de poudre de cinq-épices

4 oignons verts, en garniture

variante

Remplacez le canard par des côtelettes de porc et faites-les cuire 8 à 9 minutes au-dessus de braises pas trop chaudes.

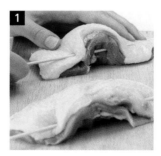

conseil

La poudre de cinq-épices chinois s'achète dans les supermarchés asiatiques ; il est composé de poivre de Sichuan, de casse, de graines de fenouil, d'anis étoilé et de clous de girofle. Il est différent du cinq-épices indien.

1 Préchauffer le barbecue. À l'aide d'un couteau tranchant, pratiquer une profonde incision horizontale sur chaque blanc de canard pour former une poche, répartir les abricots et les échalotes dans les 4 poches et fermer à l'aide de brochettes.

2 Mélanger le miel et l'huile de sésame dans une terrine, enduire le canard de cette sauce et saupoudrer de cinq-épices. Pour la garniture, fendre plusieurs fois la tige des oignons verts dans la hauteur, faire tremper dans l'eau glacée jusqu'à ouverture de la fleur et bien égoutter avant usage.

3 Faire cuire le canard au-dessus de braises pas trop chaudes 6 à 8 minutes de chaque côté, retirer les brochettes et transférer dans un grand plat de service. Garnir de fleurs d'oignon vert et servir immédiatement.

coquelets papillon

pour 4 personnes   **préparation : 20 min,**   **cuisson : 25 à 30 min**
macération : 8 heures

*Les coquelets sont enduits d'une épaisse pâte à la moutarde
qui leur donne un goût exquis mais également
une superbe couleur orange doré.*

INGRÉDIENTS

4 coquelets de 450 g chacun   **1 cuil. à soupe de ketchup**

1 cuil. à soupe de paprika   **1 cuil. à soupe de jus de citron**

1 cuil. à soupe de moutarde en poudre   **sel**

1 cuil. à soupe de cumin en poudre   **5 cuil. à soupe de beurre fondu**

1 pincée de poivre de Cayenne   **brins de coriandre fraîche, en garniture**

VALEURS NUTRITIONNELLES

Calories	583
Protéines	.............40 g
Glucides	.............5 g
Lipides	.............41 g
Acides gras saturés	......17 g

variante

Remplacez les coquelets par des cailles.
Plus petites, elles pèsent entre 120
et 140 g, il vous en faudra donc huit.

conseil

Surveillez attentivement
la cuisson des coquelets
et, si vous avez l'impression
qu'ils sèchent,
badigeonnez-les d'huile
de tournesol.

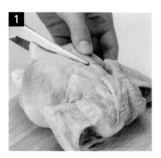

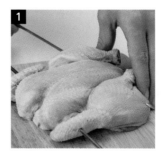

1 Pour ouvrir les coquelets, poser l'un d'eux côté poitrine en dessous et, à l'aide de cisailles à volaille, couper la peau et la carcasse de part et d'autre de l'épine dorsale, du croupion à la tête, et retirer l'épine dorsale. Retourner la volaille côté poitrine dessus, appuyer fermement sur le bréchet pour aplatir le coquelet de la paume de la main et replier les pointes des ailes en dessous. Piquer une brochette à travers une aile, le haut de la poitrine et l'autre aile, piquer une seconde brochette à travers une cuisse, le bas de la poitrine et l'autre cuisse et répéter l'opération avec les autres coquelets.

2 Mélanger le paprika, la moutarde en poudre, le cumin, le poivre de Cayenne, le ketchup et le jus de citron dans une terrine, saler selon son goût et bien remuer. Incorporer progressivement le beurre pour obtenir une pâte onctueuse, enduire les coquelets de cette pâte et couvrir. Laisser mariner 8 heures au réfrigérateur.

3 Préchauffer le barbecue. Faire cuire les coquelets 25 à 30 minutes au-dessus de braises pas trop chaudes en les retournant fréquemment et en les badigeonnant d'huile si nécessaire, disposer sur un plat de service et garnir de brins de coriandre fraîche. Servir.

foies de volaille au condiment aigre-doux

⏲ **cuisson : 10 min**   ⏱ **préparation : 15 min**   **pour 4 personnes**

VALEURS NUTRITIONNELLES	
Calories	315
Protéines	. . . . .24 g
Glucides	. . . . .45 g
Lipides	. . . . .13 g
Acides gras saturés	. . . . . .4 g

Le foie, les pruneaux et le lard forment une combinaison classique.
Ici associés aux tomates cerises et aux champignons, ils sont servis avec
un condiment aigre-doux qui relève subtilement la saveur du plat.

INGRÉDIENTS

	CONDIMENT AIGRE-DOUX
350 g de foies de volaille	**5 cuil. à soupe de pickles doux**
115 g de lard, découenné	**3 cuil. à soupe de ketchup**
8 pruneaux	**3 cuil. à soupe de sauce brune**
8 tomates cerises	**4 cuil. à café ½ de vinaigre de cidre**
8 champignons de Paris	**4 cuil. à café ½ de sauce Worcester**
huile de tournesol, pour badigeonner	

variante

Vous pouvez remplacer les champignons
par des lanières de poivrons rouges
ou orange et des bâtonnets
de courgettes, par exemple.

conseil

Choisissez des fruits secs prêts
à consommer qui ont conservé
tout leur moelleux et qu'il est
donc inutile de faire tremper
avant usage.

1 Préchauffer le
barbecue. Pour
le condiment, mettre tous
les ingrédients dans une
terrine, bien mélanger,
et couvrir de film alimentaire.
Réserver.

2 Rincer les foies
de volaille sous l'eau
courante, essuyer
avec du papier absorbant,

et couper les tranches
de lard en deux. Envelopper
chaque foie d'une tranche
de lard et fermer à l'aide
d'une pique à cocktail. Glisser
1 tomate cerise dans chaque
pruneau, piquer en alternance
les foies, les pruneaux
et les champignons sur
des brochettes en bois
préalablement trempées dans
l'eau, et badigeonner d'huile.

3 Faire cuire les
brochettes 5 minutes
de chaque côté au-dessus
de braises pas trop chaudes,
transférer sur un grand plat
de service et servir
immédiatement avec
le condiment.

viande

Pour beaucoup, les barbecues sont synonymes de viande, et ce chapitre leur est spécialement consacré. Les steaks, côtelettes, côtes, brochettes, saucisses et hamburgers sont présentés sous divers atours, de l'agneau parfumé des carrés d'agneau (voir page 102) aux saucisses à la mozzarella (voir page 121). Parmi les classiques du barbecue, on trouve le satay de bœuf (voir page 97), les shashlik (voir page 110) et les travers de porc à la chinoise (voir page 115). La gamme des mets plus insolites s'étend des barons d'agneau au gin (voir page 112) aux boulettes (voir page 118). Ceux qui ont bon appétit aimeront certainement goûter le panaché de grillades (voir page 122) tandis que les déçus des hamburgers industriels – et ils sont nombreux – adoreront les déliceburgers (voir page 90).

Les marinades jouent un rôle de premier plan dans la préparation d'une viande pour la cuisson au barbecue, car elles permettent souvent de l'attendrir au point qu'elle fond dans la bouche. Dans l'idéal, préparez les ingrédients la veille du barbecue et laissez mariner la viande toute une nuit au réfrigérateur pour que les arômes se mélangent et imprègnent la viande. Les recettes sont variées, épicées et relevées, fraîches et aromatiques, sophistiquées et subtiles, copieuses et nourrissantes.

Comme pour les volailles, libre à vous de mélanger ou associer les sauces ou bien d'en choisir une au début du livre. Essayez de servir les steaks au Tabasco (voir page 92) avec du guacamole (voir page 13) au lieu du beurre au cresson par exemple, ou du condiment à la tomate (voir page 94) avec le gigot d'agneau aux épices (voir page 103). Expérimentez à loisir et surtout, amusez-vous à tester de nouvelles saveurs.

déliceburgers

cuisson : 6 à 8 min   **préparation : 10 min**   **pour 6 personnes**

VALEURS NUTRITIONNELLES

Calories 659

Protéines . . . . .44 g

Glucides . . . . .74 g

Lipides . . . . .26 g

Acides gras saturés . . . . . . .5 g

variante

Pour des hamburgers Tex-Mex, ajoutez 2 piments verts épépinés et finement hachés au mélange à l'étape 1 et servez avec du guacamole (*voir* page 13).

Les barbecues et les hamburgers sont deux entités quasi inséparables. Pourtant, ces succulents hamburgers faits maison ne ressemblent en rien à ceux que l'on trouve en magasin.

INGRÉDIENTS

900 g de steak maigre haché

2 oignons, finement hachés

25 g de chapelure blanche

1 œuf, légèrement battu

1 cuil. à café ½ de thym frais finement haché

sel et poivre

EN ACCOMPAGNEMENT

6 petits pains ronds au sésame

2 tomates

1 oignon

feuilles de salade

mayonnaise (*voir* page 13)

moutarde

ketchup

conseil

Les hamburgers maison sont plus friables que ceux du commerce. Utilisez une pelle à poisson pour les retourner avec précaution et retirez-les du barbecue dès qu'ils sont cuits.

1 Préchauffer le barbecue. Mettre le steak, les oignons, la chapelure, l'œuf et le thym dans une terrine en verre, saler et poivrer selon son goût. Mélanger le tout à la main.

2 À la main et à l'aide d'un couteau à bout rond, façonner la préparation en 6 disques épais.

3 Laisser cuire les hamburgers 3 à 4 minutes de chaque côté au-dessus de braises chaudes. Couper les petits pains en deux et faire brièvement griller au barbecue, côté coupé au-dessous. À l'aide d'un couteau tranchant, couper les tomates et les oignons en fines rondelles, garnir les petits pains avec

les hamburgers grillés, la salade, les rondelles de tomates et d'oignons, et servir immédiatement accompagnés de mayonnaise, de moutarde et de ketchup.

steaks au Tabasco et beurre au cresson

pour 4 personnes **préparation : 10 min** **cuisson : 5 à 12 min**

Une variante sur un thème classique : ce plat simple mais original est idéal pour un barbecue de fête.

INGRÉDIENTS

4 cuil. à soupe de cresson frais, fraîchement haché

quelques feuilles de cresson frais, pour décorer

85 g de beurre, en pommade

4 steaks d'aloyau de 225 g chacun

4 cuil. à soupe de Tabasco

sel et poivre

VALEURS NUTRITIONNELLES

Calories	.462
Protéines	.53 g
Glucides	.0 g
Lipides	.28 g
Acides gras saturés	.16 g

variante

Si vous le souhaitez, remplacez le cresson par une quantité équivalente de persil frais. Sinon, servez les steaks avec du pistou à la coriandre (*voir* page 80).

1 Préchauffer le barbecue. Mettre le beurre dans une petite terrine, ajouter le cresson haché et battre à l'aide d'une fourchette, jusqu'à obtention d'un mélange homogène. Couvrir de film alimentaire et laisser refroidir au réfrigérateur.

2 Arroser chaque steak avec 1 cuillère à café de Tabasco et bien les en imprégner. Saler et poivrer selon son goût.

3 Faire cuire les steaks au-dessus de braises pas trop chaudes 2 min 30 de chaque côté pour des steaks bleus, 4 minutes pour des steaks à point et 6 minutes pour des steaks bien cuits. Transférer sur des assiettes, garnir de feuilles de cresson et servir immédiatement avec du beurre au cresson.

steaks en papillotes

cuisson : 10 min

préparation : 10 min, macération : 8 heures

pour 4 personnes

Une marinade au vin rouge est parfaite pour des steaks car elle leur donne une saveur délicieuse et une consistance quasi fondante.

VALEURS NUTRITIONNELLES

Calories 466

Protéines . . . . .54 g

Glucides . . . . .5 g

Lipides . . . . .21 g

Acides gras saturés . . . . . . .9 g

INGRÉDIENTS

4 steaks d'aloyau ou de rumsteak

300 ml de vin rouge

2 cuil. à soupe d'huile d'olive

sel et poivre

25 g de beurre

2 cuil. à café de moutarde de Dijon

4 échalotes, finement hachées

4 brins de thym frais

4 feuilles de laurier

variante

Si vous préférez, vous pouvez remplacer la moutarde par une quantité équivalente de crème de raifort et le thym par de la marjolaine fraîche.

1 Mettre les steaks dans une grande terrine non métallique peu profonde. Mélanger le vin et l'huile dans un verre doseur, saler et poivrer selon son goût. Verser cette marinade sur les steaks, couvrir de film alimentaire et laisser mariner 8 heures au réfrigérateur.

2 Préchauffer le barbecue. Couper 4 feuilles de papier d'aluminium suffisamment grandes pour envelopper les steaks et étaler de la moutarde et du beurre au centre de chacune. Égoutter les steaks, disposer sur les feuilles d'aluminium et garnir d'échalotes, de thym et de feuilles de laurier. Replier le papier d'aluminium pour former de jolies papillotes.

3 Faire griller les steaks 10 minutes au-dessus de braises chaudes en les retournant une fois, et servir immédiatement, dans les papillotes.

steaks moutarde et condiment à la tomate

pour 4 personnes   **préparation : 10 min, repos
et refroidissement : 1 heure**   **cuisson : 50 à 60 min**

*La moutarde à l'estragon donne à une saveur subtile qui offre
un contraste avec le condiment doux-amer à la tomate. Servez avec
une salade et des pommes de terre pour un menu consistant.*

INGRÉDIENTS

4 steaks d'aloyau ou de rumsteak

**1 cuil. à soupe de moutarde
à l'estragon**

2 gousses d'ail, hachées

brins d'estragon frais, en garniture

CONDIMENT À LA TOMATE

225 g de tomates cerises

55 g de sucre roux

50 ml de vinaigre de vin blanc

1 morceau de gingembre confit, haché

½ citron vert, coupé en fines tranches

sel

VALEURS NUTRITIONNELLES

Calories 380

Protéines . . . . .54 g

Glucides . . . . .35 g

Lipides . . . . .11 g

Acides gras saturés . . . . . . .5 g

---

variante

Choisissez une moutarde différemment
aromatisée – une vaste sélection est
en vente, dont la moutarde au piment,
au miel, au whisky et au champagne !

conseil

Utilisez des pinces à long
manche pour retourner
les steaks. Évitez d'employer
une fourchette car elle percerait
la viande et laisserait écouler
une partie du jus très goûteux.

1 Pour le condiment
à la tomate, rassembler
les ingrédients dans
une casserole à fond épais,
saler selon son goût, et porter
à ébullition sans cesser
de remuer, jusqu'à dissolution
complète du sucre. Réduire
le feu, laisser mijoter
40 minutes en remuant
de temps en temps, jusqu'à
ce que la sauce épaississe,

et transférer dans une terrine.
Couvrir de film alimentaire
et laisser refroidir.

2 Préchauffer le barbecue.
Fendre presque
entièrement chaque steak
à l'horizontale pour former
une poche, étaler la moutarde
à l'intérieur et frotter d'ail
l'intégralité des steaks. Poser
les steaks sur une assiette,

couvrir de film alimentaire
et laisser reposer 30 minutes.

3 Faire griller les steaks
au-dessus de braises
chaudes 2 min 30 de chaque
côté pour un steak saignant,
4 minutes pour un steak
à point et 6 minutes pour
un steak bien cuit, disposer
sur des assiettes et garnir
de brins d'estragon frais. Servir

immédiatement avec
le condiment à la tomate.

cheeseburgers de luxe

 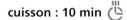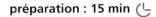

Voici une version sophistiquée du hamburger classique avec une étonnante garniture de fromage bleu fondu. Pour un déjeuner nourrissant, servir avec une salade verte.

INGRÉDIENTS

60 g de stilton
ou autre fromage persillé
500 g de steak maigre haché
1 oignon, finement haché
1 branche de céleri, finement hachée
1 cuil. à café de crème de raifort
1 cuil. à soupe de thym fais haché
sel et poivre

ACCOMPAGNEMENT
4 petits pains ronds au sésame
feuilles de salade
rondelles de tomate

VALEURS NUTRITIONNELLES

Calories	360
Protéines	. . . . .32 g
Glucides	. . . . .36 g
Lipides	. . . . .13 g
Acides gras saturés	. . . . . . .5 g

variante

Vous pouvez remplacer le bleu par un autre fromage râpé et le thym par des brins de ciboulette finement ciselés.

1 Préchauffer le barbecue. Émietter le bleu dans une terrine et réserver. Mettre la viande hachée, l'oignon, le céleri, la crème de raifort et le thym dans une autre terrine, saler et poivrer selon son goût. Mélanger à la main.

2 À la main et à l'aide d'un couteau à bout rond, façonner cette mixture en 8 disques épais, parsemer le fromage sur 4 disques et recouvrir des disques restants. Presser délicatement et lisser le pourtour de la paume de la main.

3 Faire cuire les hamburgers au-dessus de braises chaudes, 5 minutes de chaque côté. Couper les petits pains en deux, faire griller au barbecue, côté coupé au-dessous et garnir les petits pains avec les hamburgers cuits, les feuilles de salade et les rondelles de tomate. Servir immédiatement.

satay de bœuf

⏱ **cuisson : 5 à 8 min**   ⏱ **préparation : 10 min,**   **pour 6 personnes**
                                    macération : 2 heures

Beaucoup d'Occidentaux pensent que le satay s'accompagne toujours d'une sauce aux cacahuètes, mais ce n'est pas toujours le cas. Le terme fait référence à une brochette marinée dans un mélange aromatisé.

VALEURS NUTRITIONNELLES	
Calories	.258
Protéines	.37 g
Glucides	.7 g
Lipides	.11 g
Acides gras saturés	.4 g

INGRÉDIENTS

1 kg de rumsteak

1 cuil. à soupe de miel liquide

2 cuil. à soupe de sauce de soja épaisse

2 cuil. à soupe d'huile d'arachide

1 gousse d'ail, finement hachée

1 cuil. à café de coriandre en poudre

1 cuil. à café de graines de cumin

1 pincée de poudre de piment

quartiers de citron vert, en garniture

conseil

Au lieu de couper la viande en petits cubes, coupez-la en minces lanières et piquez-les en formant des S sur les brochettes.

1 Couper la viande en cubes de 2,5 cm et transférer dans une grande terrine non métallique peu profonde. Mélanger le miel, la sauce de soja, l'huile, l'ail, la coriandre, les graines de cumin et la poudre de piment dans un verre doseur, verser cette marinade sur la viande et remuer pour bien l'imprégner. Couvrir de film alimentaire et laisser mariner 2 heures au réfrigérateur en retournant de temps en temps.

2 Préchauffer le barbecue. Égoutter la viande, réserver la marinade et piquer les cubes de viande sur plusieurs brochettes en bois préalablement trempées dans l'eau.

3 Faire cuire la viande 5 à 8 minutes au-dessus de braises chaudes, en la retournant et en la badigeonnant fréquemment de marinade, transférer sur un grand plat de service et garnir de quartiers de citron vert. Servir.

brochettes de bœuf, agneau et lard

pour 4 personnes   **préparation : 15 min** 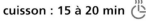   **cuisson : 15 à 20 min**

Un véritable régal pour les amateurs de viande – ces brochettes faciles à préparer sont succulentes servies avec une sauce tomate.

INGRÉDIENTS

400 g de bœuf, coupé en cubes de 2,5 cm

400 g de gigot d'agneau désossé,
coupé en cubes de 2,5 cm

8 tranches de lard fumé, découennées et
coupées en fines lanières

8 échalotes, coupées en deux

8 tomates, coupées en deux

12 piments en conserve, égouttés

4 cuil. à soupe d'huile de tournesol

4 gousses d'ail, finement hachées

2 cuil. à café de paprika

1 généreuse pincée de poivre
de Cayenne

SAUCE TOMATE

250 g de tomates, pelées et concassées

1 oignon, finement haché

1 poivron vert, épépiné
et finement haché

3 cuil. à soupe de persil frais
finement haché

3 cuil. à soupe de ketchup

1 pincée de sucre

1 pincée de poudre de piment

sel et poivre

VALEURS NUTRITIONNELLES

Calories 675

Protéines . . . . .59 g

Glucides . . . . .33 g

Lipides . . . . .42 g

Acides gras saturés . . . . . .14 g

---

variante

Vous pouvez choisir d'autres légumes pour confectionner ces brochettes – des quartiers d'oignon et de petites lanières de poivron rouge ou jaune.

conseil

Choisissez des brochettes suffisamment longues et ne chargez pas trop la grille afin qu'elles cuisent de manière uniforme. Si vous avez un problème de place, faites-les cuire en plusieurs fois.

1 Préchauffer le barbecue. Pour la sauce tomate, passer les tomates au tamis dans une terrine, incorporer l'oignon, le poivron vert, le persil, le ketchup et le sucre, et assaisonner de poudre de piment, de sel et de poivre selon son goût. Couvrir de film alimentaire et laisser refroidir au réfrigérateur.

2 Piquer des morceaux d'agneau, de bœuf, de lard fumé, d'échalotes, de tomates et de piments sur 4 brochettes en métal ou en bois préalablement trempées dans l'eau. Mélanger l'huile, l'ail, le paprika et le poivre de Cayenne dans une terrine, et badigeonner les brochettes de cette huile aromatisée.

3 Faire cuire les brochettes 15 à 20 minutes au-dessus de braises pas trop chaudes, en les retournant et en les badigeonnant fréquemment d'huile aromatisée, transférer sur un grand plat de service et servir immédiatement avec la sauce tomate.

brochettes de bœuf à l'indonésienne

cuisson : 10 min

préparation : 15 min, repos et macération : 2 heures

pour 4 personnes

variante

Pour relever un peu la sauce, ajouter 1 ou 2 piments-oiseaux frais. N'oubliez pas de vous laver les mains après les avoir hachés.

Ces brochettes indonésiennes épicées se servent habituellement avec du sambal kecap, une délicieuse sauce à tremper aromatisée au piment, et une salade rafraîchissante de concombre.

INGRÉDIENTS

1 cuil. à café de graines de coriandre

½ cuil. à café de graines de cumin

450 g de rumsteak, coupé en lanières

1 oignon

2 gousses d'ail

1 cuil. à soupe de sucre roux

1 cuil. à soupe de sauce de soja épaisse

4 cuil. à soupe de jus de citron

sel

SAUCE

1 piment rouge frais

4 cuil. à soupe de sauce de soja épaisse

2 gousses d'ail, finement hachées

4 cuil. à café de jus de citron

2 cuil. à soupe d'eau chaude

conseil

Si vous n'avez pas de mortier et de pilon, écrasez les graines de cumin et de coriandre dans un moulin à épices ou même un moulin à café propre.

1 Pour la sauce, épépiner le piment, hacher finement, et mettre dans une terrine avec les autres ingrédients de la sauce. Bien mélanger, couvrir de film alimentaire et laisser reposer.

2 Dans une sauteuse, faire griller à sec les graines de cumin et de coriandre 1 minute, jusqu'à ce qu'elles exhalent leur arôme et commencent à éclater, retirer du feu et les écraser dans un mortier avec un pilon. Mettre la viande dans une terrine non métallique peu profonde, ajouter les épices en poudre et remuer afin que la viande soit bien enrobée. Mettre l'oignon, l'ail, le sucre, la sauce de soja et le jus de citron dans un robot de cuisine, mixer jusqu'à obtention d'une pâte, saler selon son goût. Verser ce mélange sur la viande, retourner pour bien enrober et couvrir de film alimentaire. Laisser mariner 2 heures au réfrigérateur.

3 Préchauffer le barbecue. Égoutter la viande, réserver la marinade et piquer les morceaux de viande sur plusieurs brochettes en métal ou en bois, préalablement trempées dans l'eau. Faire cuire les brochettes 5 à 8 minutes au-dessus de braises chaudes en les retournant et en les badigeonnant fréquemment de marinade, transférer sur un grand plat de service et servir avec la sauce à tremper.

carrés d'agneau

pour 4 personnes   **préparation : 10 min,**   **cuisson : 20 min**
macération : 1 heure

Ce plat simple à réaliser est idéal pour un repas d'été
accompagné de salade et de pommes de terre.

INGRÉDIENTS

4 carrés d'agneau de 4 côtelettes chacun

2 cuil. à soupe d'huile d'olive
vierge extra

1 cuil. à soupe de vinaigre balsamique

1 cuil. à soupe de jus de citron

3 cuil. à soupe de romarin frais
finement haché

1 petit oignon, finement haché

sel et poivre

VALEURS NUTRITIONNELLES

Calories 798

Protéines . . . . .46 g

Glucides . . . . .3 g

Lipides . . . . .68 g

Acides gras saturés . . . . . .31 g

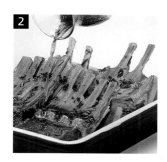

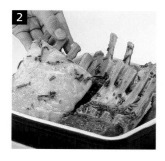

conseil

Le vinaigre balsamique est
un vinaigre doux, parfumé,
fabriqué dans la région
de Modène au nord de l'Italie.
Il est assez onéreux
mais sa saveur est unique.

1 Disposer les carrés
d'agneau dans une
grande terrine non métallique
peu profonde. Mettre l'huile,
le vinaigre, le jus de citron,
le romarin et l'oignon dans
un verre doseur, bien remuer,
saler et poivrer selon son goût.

2 Verser la marinade sur
l'agneau, retourner
pour bien enrober et couvrir
de film alimentaire. Laisser
mariner 1 heure
au réfrigérateur en retournant
de temps en temps.

3 Préchauffer le barbecue.
Égoutter les carrés
d'agneau, réserver la marinade
et faire griller au-dessus de
braises pas trop chaudes,
10 minutes de chaque côté,
en les badigeonnant
fréquemment de marinade.
Servir immédiatement.

porc au soja et à la coriandre

🕐 **cuisson : 14 à 20 min**

🕐 **préparation : 10 min, macération : 1 heure**

pour 4 personnes

Ces côtes de porc aux saveurs orientales font un plat résolument insolite plébiscité par les amateurs de barbecue.

VALEURS NUTRITIONNELLES	
Calories	469
Protéines	. . . . .40 g
Glucides	. . . . .4 g
Lipides	. . . . .33 g
Acides gras saturés	. . . . . .12 g

INGRÉDIENTS

4 côtes de porc de 175 g chacune

1 cuil. à soupe de graines de coriandre

6 grains de poivre noir

4 cuil. à soupe de sauce de soja épaisse

1 gousse d'ail, finement hachée

1 cuil. à café de sucre

brins de coriandre fraîche, en garniture

conseil

Il est important de trouver une sauce de soja de qualité pour cette marinade aromatique qui parfume ces côtelettes. Les épiceries chinoises auront une vaste gamme d'excellentes sauces à vous proposer.

1 Mettre les côtes de porc dans une grande terrine non métallique peu profonde. Écraser la coriandre et le poivre dans un moulin à épices ou dans un mortier avec un pilon, mélanger avec la sauce de soja, l'ail, le sucre dans un verre doseur et bien remuer jusqu'à dissolution du sucre.

2 Verser cette marinade sur les côtes de porc, retourner pour bien les enrober et couvrir de film alimentaire. Laisser mariner 1 heure au réfrigérateur en les retournant de temps en temps.

3 Préchauffer le barbecue. Égoutter les côtes, réserver la marinade et faire griller au-dessus de braises pas trop chaudes 7 à 10 minutes de chaque côté en les badigeonnant fréquemment de marinade. Transférer les côtes sur un grand plat de service, garnir de brins de coriandre fraîche et servir.

gigot d'agneau aux épices

cuisson : 40 min

préparation : 15 min, macération : 3 heures

pour 4 personnes

variante

Ce plat d'agneau accepte un vaste choix de marinades. Essayez une marinade au vin blanc ou une marinade au piment (*voir* page 13).

L'agneau, le romarin et le laurier s'associent toujours pour le meilleur ; dans ce plat savoureux, une marinade épicée donne à la viande un parfum hors du commun.

INGRÉDIENTS

4 tranches de gigot d'agneau de 175 g chacune

8 brins de romarin frais

8 feuilles de laurier fraîches

2 cuil. à soupe d'huile d'olive

MARINADE AUX ÉPICES

2 cuil. à soupe d'huile de tournesol

1 gros oignon, finement haché

2 gousses d'ail, finement hachées

2 cuil. à soupe de sauce aux herbes et aux épices

2 cuil. à soupe de pâte de curry

1 cuil. à café de gingembre frais râpé

400 g de tomates concassées en boîte

4 cuil. à soupe de sauce Worcester

3 cuil. à soupe de sucre roux

sel et poivre

conseil

Vous pouvez acheter de la sauce aux herbes et aux épices au supermarché ou bien la préparer vous-même en suivant les indications données dans l'étape 1 de la recette du poulet jerk (*voir* page 61).

1 Pour la marinade, faire chauffer l'huile dans une sauteuse à fond épais, ajouter l'oignon et l'ail, et faire dorer 5 minutes à feu doux en remuant de temps en temps. Incorporer la sauce aux herbes et aux épices, la pâte de curry et le gingembre râpé, laisser cuire 2 minutes sans cesser de remuer et ajouter les tomates, la sauce Worcester et le sucre. Saler, poivrer selon son goût et porter à ébullition sans cesser de remuer. Réduire le feu, laisser mijoter 15 minutes, jusqu'à ce que la marinade épaississe et retirer du feu. Laisser tiédir.

2 Placer les tranches de gigot entre 2 feuilles de film alimentaire, aplatir à l'aide d'un maillet à viande et transférer dans une grande terrine non métallique peu profonde. Napper de marinade, retourner les tranches pour bien les enrober, et couvrir de film alimentaire. Laisser mariner 3 heures au réfrigérateur.

3 Préchauffer le barbecue. Égoutter l'agneau, réserver la marinade et faire cuire au-dessus de braises pas trop chaudes 5 à 7 minutes de chaque côté en le badigeonnant fréquemment de marinade. Pendant ce temps-là, tremper le romarin et le laurier dans l'huile d'olive et faire griller 3 à 5 minutes au barbecue. Servir l'agneau immédiatement avec les herbes grillées.

côtelettes d'agneau à la menthe

pour 6 personnes | **préparation : 15 min,** **macération : 2 heures** | **cuisson : 10 à 14 min**

Préparez ce plat avec plusieurs types de côtes d'agneau. Les côtes premières, tranches de gigot ou steaks d'épaule conviennent bien. Si vous choisissez des côtelettes, prévoyez-en deux par personne.

INGRÉDIENTS

6 côtelettes de filet de 175 g chacune

150 ml de yaourt à la grecque

2 gousses d'ail, finement hachées

1 cuil. à café de gingembre frais râpé

1 pincée de graines de coriandre, écrasées

sel et poivre

1 cuil. à soupe d'huile d'olive

1 cuil. à soupe de jus d'orange

1 cuil. à café d'huile de noix

2 cuil. à soupe de menthe fraîche hachée

VALEURS NUTRITIONNELLES

Calories 420

Protéines . . . . .30 g

Glucides . . . . .2 g

Lipides . . . . .33 g

Acides gras saturés . . . . . .15 g

variante

Vous pouvez omettre le jus d'orange et l'huile de noix et incorporer 1 pincée d'anis étoilé en poudre et 1 pincée de cannelle et de cumin en poudre.

1 Mettre les côtelettes dans une grande terrine non métallique peu profonde. Mélanger la moitié du yaourt, l'ail, le gingembre et les graines de coriandre dans une terrine, saler et poivrer selon son goût. Napper les côtelettes de cette sauce, retourner pour bien les enrober et couvrir de film alimentaire. Laisser mariner 2 heures au réfrigérateur, en remuant de temps en temps.

2 Préchauffer le barbecue. Mélanger le yaourt restant, l'huile d'olive, le jus d'orange, l'huile de noix et la menthe dans une terrine, fouetter, jusqu'à obtention d'une sauce homogène et couvrir de film alimentaire. Laisser refroidir au réfrigérateur.

3 Égoutter les côtelettes, les gratter pour retirer la marinade et badigeonner d'huile d'olive. Faire cuire 5 à 7 minutes de chaque côté au-dessus de braises pas trop chaudes et servir immédiatement, avec le yaourt à la menthe.

brochettes normandes

cuisson : 12 à 15 min

préparation : 10 min, macération : 1 à 2 heures

pour 4 personnes

Les vergers normands sont renommés pour leurs variétés de pommes – pour la table et pour le cidre. Ajoutez une note d'authenticité à votre repas en servant un verre de calvados en trou normand.

VALEURS NUTRITIONNELLES

Calories	.242
Protéines	.24 g
Glucides	.16 g
Lipides	.11 g
Acides gras saturés	.3 g

INGRÉDIENTS

450 g de filet de porc

300 ml de cidre brut

1 cuil. à soupe de sauge fraîche finement hachée

6 grains de poivre noir, écrasés

2 pommes

1 cuil. à soupe d'huile de tournesol

variante

Remplacez 1 pomme par 6 pruneaux enveloppés dans des lanières de lard fumé. Piquez les pruneaux sur les brochettes avec le reste de pomme et le porc.

1 Couper le porc en cubes de 2,5 cm et mettre dans une grande terrine non métallique peu profonde. Mélanger le cidre, la sauge et le poivre dans un verre doseur, arroser la viande de cette marinade et bien remuer pour enrober. Couvrir de film alimentaire et laisser mariner 1 à 2 heures au réfrigérateur.

2 Préchauffer le barbecue. Égoutter le porc et réserver la marinade. Évider les pommes sans les éplucher, couper en quartiers et tremper dans la marinade. Piquer les quartiers de pomme sur plusieurs brochettes en métal en alternant avec la viande, et incorporer l'huile de tournesol au reste de marinade.

3 Faire cuire les brochettes 12 à 15 minutes au-dessus de braises pas trop chaudes en les retournant et en les badigeonnant fréquemment de marinade, transférer les brochettes sur un grand plat de service, et retirer éventuellement la viande et les pommes des brochettes avant de servir. Servir immédiatement.

kébabs turcs

pour 4 personnes

préparation : 20 min,
macération : 2 heures

cuisson : 10 à 15 min

La Turquie, lieu de convergence historique de l'Orient et de l'Occident, bénéficie d'influences culinaires éclectiques. Ces kébabs traditionnels sont généralement à base de viande de mouton ou parfois de cabri.

INGRÉDIENTS

500 g d'épaule d'agneau désossée
et coupée en cubes de 2,5 cm

1 cuil. à soupe d'huile d'olive

2 cuil. à soupe de vin blanc sec

2 cuil. à soupe de menthe fraîche hachée

4 gousses d'ail, finement hachées

2 cuil. à café de zeste d'orange râpé

1 cuil. à soupe de paprika

1 cuil. à café de sucre

sel et poivre

CRÈME DE TAHINI

225 g de tahini (pâte de sésame)

2 gousses d'ail, finement hachées

2 cuil. à soupe d'huile d'olive
vierge extra

2 cuil. à soupe de jus de citron

125 ml d'eau

VALEURS NUTRITIONNELLES

Calories 752

Protéines . . . . .43 g

Glucides . . . . .3 g

Lipides . . . . .63 g

Acides gras saturés . . . . . .16 g

variante

Vous pouvez servir les kébabs avec d'autres sauces comme le tsatziki (*voir* page 153) ou même une sauce tomate (*voir* page 98).

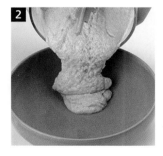

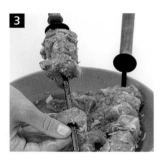

conseil

Le tahini, ou pâte de sésame se vend dans les supermarchés et les épiceries fines. Elle est préparée avec des graines de sésame réduites en purée.

1 Mettre la viande dans une grande terrine non métallique peu profonde. Mélanger l'huile d'olive, le vin, la menthe, l'ail, le zeste d'orange, le paprika et le sucre dans une terrine, saler et poivrer selon son goût. Napper l'agneau de marinade, retourner pour bien l'enrober, et couvrir de film alimentaire. Laisser mariner 2 heures

au réfrigérateur en retournant de temps en temps.

2 Préchauffer le barbecue. Pour la crème de tahini, mettre le tahini, l'ail, l'huile et le jus de citron dans un robot de cuisine, mixer un court instant et, moteur en marche, ajouter l'eau. Continuer à mixer jusqu'à obtention d'une sauce onctueuse, transférer dans

une terrine et couvrir de film alimentaire. Laisser refroidir au réfrigérateur.

3 Égoutter l'agneau, réserver la marinade, et piquer les morceaux d'agneau sur des brochettes en métal. Faire cuire les brochettes 10 à 15 minutes au-dessus de braises chaudes en les retournant et en

les badigeonnant fréquemment de marinade, et servir avec la crème de tahini.

shashlik

cuisson : 10 à 15 min

préparation : 20 min, macération : 8 heures

pour 4 personnes

VALEURS NUTRITIONNELLES

Calories 486

Protéines . . . . .42 g

Glucides . . . . .9 g

Lipides . . . . .34 g

Acides gras saturés . . . . . .11 g

variante

Si vous le souhaitez, utilisez d'autres marinades pour parfumer l'agneau, la marinade au vin blanc par exemple (*voir* page 13).

Les shashlik, savoureuses brochettes parfumées au citron, sont une spécialité géorgienne de la région fertile située entre la mer Noire et les montagnes du Caucase en Russie. Elles ressemblent beaucoup aux chiche-kébabs de la Turquie voisine.

INGRÉDIENTS

675 g de gigot d'agneau désossé, coupé en cubes de 2,5 cm

12 gros champignons de Paris

4 tranches de lard fumé, découennées

8 tomates cerises

1 gros poivron vert, épépiné et coupé en cubes

brins d'herbes aromatiques fraîches, en garniture

MARINADE

4 cuil. à soupe d'huile de tournesol

4 cuil. à soupe de jus de citron

1 oignon, finement haché

½ cuil. à café de romarin séché

½ cuil. à café de thym séché

sel et poivre

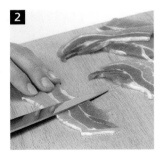

conseil

Pour cuire les brochettes au barbecue, pensez toujours à les badigeonner au préalable de marinade ou d'huile, et à les retourner fréquemment pour éviter qu'elles ne brûlent.

1 Mettre l'agneau et les champignons dans une grande terrine non métallique peu profonde. Mélanger tous les ingrédients de la marinade dans un verre doseur, saler et poivrer selon son goût. Arroser la viande et les champignons de cette marinade, retournez pour bien les enrober et couvrir de film alimentaire. Laisser mariner 8 heures au réfrigérateur.

2 Préchauffer le barbecue. Couper les tranches de lard fumé en deux, étirer à la lame du couteau et les enrouler. Égoutter l'agneau et les champignons, réserver la marinade et piquer les rouleaux de lard fumé, l'agneau, les champignons, les tomates cerises et le poivron vert en alternant sur des brochettes en métal. Filtrer la marinade.

3 Faire cuire les brochettes 10 à 15 minutes au-dessus de braises pas trop chaudes en les retournant et en les badigeonnant fréquemment de marinade, transférer dans un grand plat de service et garnir brins d'herbes aromatiques fraîches. Servir immédiatement.

barons d'agneau au gin

pour 4 personnes   **préparation : 15 min,** ⟳
macération : 5 min

cuisson : 10 min 🔥

*La marinade étant intensément parfumée, le temps
de macération est extrêmement réduit pour cette recette.
Ces barons grillés sont délicieux servis avec un beurre à la moutarde.*

INGRÉDIENTS

8 barons d'agneau

brins de persil frais, en garniture

salade, en accompagnement

2 cuil. à soupe de gin sec

1 gousse d'ail, finement hachée

sel et poivre

MARINADE

2 cuil. à soupe d'huile d'olive
vierge extra

2 cuil. à soupe de sauce Worcester

2 cuil. à soupe de jus de citron

BEURRE À LA MOUTARDE

55 g de beurre, en pommade

1 cuil. à café ½ de moutarde à l'estragon

1 cuil. à soupe de persil frais haché

quelques gouttes de jus de citron

variante

Si vous préférez, servez les barons
avec du beurre au cresson
(*voir* page 92) et garnissez-les
de cresson frais.

conseil

Assurez-vous que le barbecue
est à une température correcte
avant de mettre la viande
à griller sinon elle noircira
à l'extérieur et restera crue
à l'intérieur.

1 Préchauffer le barbecue. Mettre les barons d'agneau dans une grande terrine non métallique peu profonde. Mélanger tous les ingrédients de la marinade dans un verre doseur, saler, poivrer selon son goût et remuer. Verser la marinade sur la viande, retourner pour bien l'enrober et couvrir de film alimentaire. Laisser mariner 5 minutes.

2 Pour le beurre à la moutarde, rassembler tous les ingrédients dans une terrine, battre à l'aide d'une fourchette jusqu'à obtention d'un mélange homogène, et couvrir de film alimentaire. Laisser refroidir au réfrigérateur.

3 Égoutter les barons d'agneau, réserver la marinade et faire cuire au-dessus de braises pas trop chaudes 5 minutes de chaque côté, en les badigeonnant fréquemment de marinade. Transférer les barons sur des assiettes, garnir d'une noix de beurre à la moutarde et de brins de persil, et servir immédiatement avec une salade.

travers de porc au piment

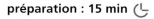

pour 4 personnes   **préparation : 15 min**   **cuisson : 1 heure**

Cuits en deux temps (tout d'abord en cuisine puis au barbecue), ces excellents travers de porc sont tendres à souhait et gorgés de saveurs épicées.

INGRÉDIENTS

1 oignon, haché

2 gousses d'ail, hachées

1 morceau de gingembre frais de 2,5 cm, émincé

1 piment rouge frais, épépiné et haché

5 cuil. à soupe de sauce de soja épaisse

3 cuil. à soupe de jus de citron vert

1 cuil. à soupe de sucre de palme ou de canne

2 cuil. à soupe d'huile d'arachide

sel et poivre

1 kg de travers de porc, séparés

VALEURS NUTRITIONNELLES	
Calories 466	
Protéines . . . . .38 g	
Glucides . . . . .18 g	
Lipides . . . . .30 g	
Acides gras saturés . . . . . .10 g	

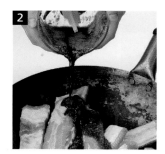

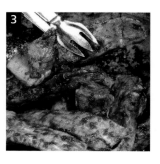

conseil

L'huile d'arachide est beaucoup utilisée dans la cuisine d'Asie du Sud-Est mais vous pouvez la remplacer par de l'huile de tournesol.

1 Préchauffer le barbecue. Mettre l'oignon, l'ail, le gingembre, le piment et la sauce de soja dans un robot de cuisine, mixer jusqu'à obtention d'une pâte et transférer dans un verre doseur. Ajouter le jus de citron vert, le sucre et l'huile en remuant, saler et poivrer selon son goût.

2 Placer les travers de porc dans un wok ou une grande sauteuse préchauffée, verser la sauce au soja épaisse et porter à ébullition à feu doux. Laisser mijoter 30 minutes en remuant fréquemment, en ajoutant un peu d'eau si nécessaire.

3 Retirer les travers de porc de la sauteuse, réserver la sauce et faire cuire la viande 20 à 30 minutes au barbecue, au-dessus de braises pas trop chaudes, en la retournant et en la badigeonnant fréquemment de sauce. Transférer les travers de porc sur un grand plat de service et servir immédiatement.

travers de porc à la chinoise

cuisson : 30 à 40 min

préparation : 10 min, macération : 6 heures

pour 4 personnes

Laissez mariner ces travers de porc le plus longtemps possible afin que les saveurs de la sauce s'exhalent et imprègnent la viande.

VALEURS NUTRITIONNELLES	
Calories	.450
Protéines	.38 g
Glucides	.26 g
Lipides	.27 g
Acides gras saturés	.9 g

INGRÉDIENTS

1 kg de travers de porc, séparés

4 cuil. à soupe de sauce de soja épaisse

3 cuil. à soupe de sucre de canne

1 cuil. à soupe d'huile d'arachide
ou de tournesol

2 gousses d'ail, finement hachées

2 cuil. à café de poudre de cinq-épices

1 morceau de gingembre frais
de 1 cm, râpé

oignons verts ciselés, en garniture

variante

Laissez mariner la viande dans 4 cuil. à soupe de sauce de soja et de miel, 1 cuil. à soupe d'eau, 1 cuil. à café de moutarde en poudre et 1 pincée de poivre de Cayenne.

1 Mettre les travers de porc dans une grande terrine non métallique peu profonde. Mélanger la sauce de soja, le sucre, l'huile, l'ail, le cinq-épices et le gingembre dans une terrine, remuer et verser cette marinade sur la viande. Retourner la viande pour bien l'enrober.

2 Couvrir le plat de film alimentaire et laisser mariner 6 heures au réfrigérateur.

3 Préchauffer le barbecue. Égoutter les travers de porc, réserver la marinade et faire cuire la viande 30 à 40 minutes au-dessus de braises pas trop chaudes en la retournant et en la badigeonnant fréquemment de marinade. Transférer les travers de porc sur un grand plat de service, garnir d'oignons verts ciselés et servir immédiatement.

escalopes de porc au citron et aux herbes

pour 4 personnes

préparation : 10 min,
macération : 8 heures

cuisson : 15 min

Même si le porc doit être bien cuit, veillez à ne pas faire griller trop longtemps ces minces escalopes délicatement aromatisées ; attention, le barbecue ne doit pas être trop chaud.

INGRÉDIENTS

4 escalopes de porc

2 cuil. à soupe d'huile de tournesol

6 feuilles de laurier, déchirées en morceaux

zeste râpé et jus de 2 citrons

125 ml de bière

1 cuil. à soupe de miel liquide

6 baies de genièvre, légèrement écrasées

sel et poivre

1 pomme

brins de persil plat frais, en garniture

VALEURS NUTRITIONNELLES

Calories	.349
Protéines	.37 g
Glucides	.18 g
Lipides	.18 g
Acides gras saturés	.5 g

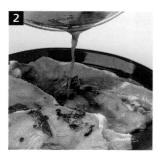

conseil

Les escalopes de dinde sont excellentes cuisinées de cette manière, mais faites-les cuire seulement 7 à 8 minutes de chaque côté. Vérifiez leur cuisson avant de servir.

1 Mettre les escalopes de porc dans une grande terrine non métallique peu profonde. Faire chauffer l'huile dans une petite sauteuse à fond épais, ajouter les feuilles de laurier et faire revenir 1 minute. Ajouter le zeste et le jus de citron, la bière, le miel et les baies de genièvre, saler et poivrer selon son goût.

2 Verser cette marinade sur les escalopes de porc, retourner pour bien les enrober et couvrir de film alimentaire. Laisser refroidir et laisser mariner 8 heures au réfrigérateur.

3 Préchauffer le barbecue. Égoutter la viande et réserver la marinade. Évider la pomme et la couper

en rondelles. Faire cuire les escalopes de porc au-dessus de braises pas trop chaudes 5 minutes de chaque côté en les badigeonnant fréquemment de marinade, et vérifier leur cuisson avant de les retirer du barbecue. Faire dorer les pommes au barbecue 3 minutes de chaque côté en les badigeonnant de marinade.

Transférer les escalopes de porc sur un grand plat de service, garnir de rondelles de pomme et de brins de persil, et servir.

porc au gin et au genièvre

⏱ **cuisson : 14 à 18 min**

🕐 **préparation : 10 min,
macération : 8 heures**

pour 4 personnes

À l'origine, ce plat se cuisine avec du sanglier sauvage. Le sanglier est maintenant élevé dans des fermes et disponible dans certains supermarchés. Mais les côtes de porc sont également délicieuses.

VALEURS NUTRITIONNELLES	
Calories	.425
Protéines	.32 g
Glucides	.18 g
Lipides	.26 g
Acides gras saturés	.9 g

INGRÉDIENTS

4 côtes de porc de 175 g chacune

50 ml de gin

175 ml de jus d'orange

2 oignons rouges ou blancs,
coupés en deux

6 baies de genièvre, légèrement écrasées

zeste d'une orange

1 bâtonnet de cannelle

1 feuille de laurier

2 cuil. à café de thym frais
finement haché

sel et poivre

conseil

Les oignons rouges et blancs sont moins forts que les oignons blonds, dont la cuisson au barbecue rehausse le piquant. Les oignons d'Espagne sont doux mais plus gros ; mettez-en 1 et coupez-le en quartiers.

1 Mettre les côtes de porc dans une grande terrine non métallique peu profonde, arroser de gin et de jus d'orange, et ajouter les oignons. Ajouter les baies de genièvre, le zeste d'orange, la cannelle, le laurier et le thym, remuer à l'aide d'une fourchette pour bien imprégner les côtes de porc de marinade. Couvrir de film alimentaire et laisser mariner 8 heures au réfrigérateur.

2 Préchauffer le barbecue. Égoutter la viande, réserver la marinade, saler et poivrer les côtes de porc selon son goût. Filtrer la marinade au-dessus d'une petite terrine.

3 Faire cuire le porc et les oignons au-dessus de braises pas trop chaudes 7 à 9 minutes de chaque côté en les badigeonnant fréquemment de marinade, transférer la viande sur un grand plat de service et servir immédiatement.

boulettes

Elles sont très appréciées des adultes comme des enfants. Servez-les avec une sélection de sauces maison ou du commerce, comme le condiment à la tomate (voir page 94), réchauffé au bord du barbecue.

INGRÉDIENTS

4 saucisses de porc aux herbes

115 g de bœuf frais haché

85 g de chapelure blanche

1 oignon, finement haché

1 œuf

sel et poivre

2 cuil. à soupe de mélange
d'herbes fraîches hachées –
persil, thym, sauge par exemple

huile de tournesol, pour badigeonner

sauces de votre choix,
en accompagnement

VALEURS NUTRITIONNELLES

Calories	132
Protéines	. . . . .9 g
Glucides	. . . . .10 g
Lipides	. . . . .7 g
Acides gras saturés	. . . . . . .3 g

variante

Remplacez la chapelure
par 1 pomme de terre et 1 betterave
rouge cuites et finement hachées.

conseil

Il existe une grande variété
de saucisses aromatisées,
au poireau, au poivre,
au piment, etc..
que vous pouvez utiliser
pour confectionner
ces boulettes.

1 Préchauffer le barbecue. Retirer la chair des saucisses, mettre dans une grande terrine et émietter à l'aide d'une fourchette. Ajouter le bœuf haché, la chapelure, l'oignon, les herbes et l'œuf. Saler, poivrer selon son goût et bien remuer à l'aide d'une cuillère en bois, jusqu'à obtention d'un mélange homogène.

2 Façonner des boulettes de la taille d'une balle de golf, piquer une pique à cocktail dans chaque boulette et badigeonner d'huile.

3 Faire cuire les boulettes 10 minutes au-dessus de braises pas trop chaudes en les retournant fréquemment et en les badigeonnant d'huile si nécessaire, transférer sur un grand plat de service et servir immédiatement avec un choix de sauces.

koftas au lard

pour 4 personnes | **préparation : 15 min** | **cuisson : 10 min**

Les koftas sont un mélange épicé à base d'agneau haché. Celles-ci sont préparées avec du lard maigre. Elles sont très simples à confectionner mais veillez toutefois à ne pas trop mixer les ingrédients.

INGRÉDIENTS

1 petit oignon

225 g de lard, découenné et grossièrement haché

85 g de chapelure blanche

1 cuil. à soupe de marjolaine fraîche hachée

zeste râpé d'un citron

1 blanc d'œuf

poivre

noix hachées, pour enrober (facultatif)

paprika, pour saupoudrer

ciboulette fraîche ciselée, en garniture

VALEURS NUTRITIONNELLES

Calories 180

Protéines . . . . .12 g

Glucides . . . . .13 g

Lipides . . . . .10 g

Acides gras saturés . . . . . . .4 g

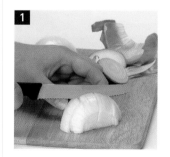

conseil

Veillez à ne pas mixer les ingrédients des koftas trop longtemps. Si la préparation devient trop onctueuse, les koftas seront plus difficiles à façonner et perdront leur consistance spécifique.

1 Préchauffer le barbecue. Hacher l'oignon, mettre dans un robot de cuisine avec le lard, la chapelure, la marjolaine, le zeste de citron et le blanc d'œuf, et poivrer selon son goût. Mixer brièvement pour obtenir une préparation homogène.

2 Diviser cette préparation en 8 portions égales, façonner en saucisse autour d'une brochette, ou éventuellement en ronds, et saupoudrer les koftas de paprika. Parsemer éventuellement une assiette plate de noix hachées et en enrober les koftas.

3 Faire cuire les koftas 10 minutes au-dessus de braises chaudes en les retournant fréquemment, transférer dans un grand plat de service et garnir de ciboulette hachée. Servir immédiatement.

saucisses à la mozzarella

⏲ **cuisson : 15 à 20 min**   ⏲ **préparation : 15 min**   **pour 4 personnes**

Les saucisses sont un classique du barbecue mais même les variétés les plus insolites peuvent être lassantes. Farcies de mozzarella et enrobées d'une tranche de lard fumé, elles sont particulièrement alléchantes.

VALEURS NUTRITIONNELLES
Calories 499
Protéines . . . . .31 g
Glucides . . . . .8 g
Lipides . . . . .39 g
Acides gras saturés . . . . . .16 g

INGRÉDIENTS

115 g de mozzarella

8 saucisses de Toulouse

2 cuil. à soupe de moutarde de Dijon

8 tranches de lard fumé

conseil

Les saucisses de Toulouse sont des saucisses à cuire assez grosses faites avec de la viande de porc grossièrement hachée. Vous pouvez les remplacer par d'autres saucisses à cuire de bonne qualité.

1 Préchauffer le barbecue. Couper la mozzarella en fines tranches. Pratiquer une incision profonde dans chaque saucisse, tartiner l'intérieur de moutarde et répartir les tranches de fromage dans les saucisses. Reconstituer les saucisses.

2 Étirer les tranches de lard fumé à la lame du couteau et envelopper chaque saucisse d'une tranche de lard fumé pour la maintenir bien fermée, en utilisant si nécessaire, une pique à cocktail.

3 Faire cuire les saucisses 15 à 20 minutes au-dessus de braises chaudes en les retournant fréquemment, transférer sur un grand plat de service et servir immédiatement.

panaché de grillades

⏲ **cuisson : 12 min**   ⟳ **préparation : 20 min**   **pour 4 personnes**

VALEURS NUTRITIONNELLES	
Calories 1083	
Protéines . . . . .42 g	
Glucides . . . . .51 g	
Lipides . . . . .90 g	
Acides gras saturés . . . . . .23 g	

Ces grillades offre tout ce qu'un vrai « carnassier » peut désirer : saucisses, lard fumé, steak et rognon. L'idéal est de les accompagner de pommes de terre en robe des champs et d'une salade verte.

INGRÉDIENTS

4 rognons d'agneau

6 tranches de lard fumé, découennées

4 tomates cerises

4 petits filets de bœuf ou tournedos

8 petites saucisses de porc

4 champignons de Paris

12 feuilles de laurier

sel et poivre

1 portion de marinade aux épices (*voir* page 105)

beurre à la moutarde (*voir* page 112), en accompagnement

variante

Si vous préférez, remplacez les filets de bœuf par des médaillons d'autres viandes, comme l'agneau ou le poulet.

conseil

Pour obtenir une cuisson uniforme, assurez-vous que les morceaux de viande soient de la même grosseur et que les brochettes ne soient pas surchargées.

1 Préchauffer le barbecue. À l'aide d'un couteau tranchant, fendre les rognons en deux, enlever les peaux, retirer la graisse et les petites peaux. Couper les tranches de lard fumé en deux et envelopper chaque moitié de rognon et chaque tomate cerise d'une tranche de lard fumé.

2 Piquer en alternance, les rognons, les tomates, les filets, les saucisses, les champignons et les feuilles de laurier sur des brochettes en métal, saler et poivrer selon son goût. Badigeonner de marinade.

3 Faire cuire les brochettes 12 minutes au-dessus

de braises pas trop chaudes en les retournant et en les badigeonnant fréquemment de marinade, disposer les brochettes sur un grand plat de service et servir immédiatement avec du beurre à la moutarde.

brochettes festives

pour 4 personnes   préparation : 10 min   cuisson : 40 min

*Une manière de remettre au goût du jour un grand classique –
les saucisses de Francfort ont une saveur fumée et servent de base à un
plat d'une grande simplicité. Elles sont accompagnées de toasts à l'ail.*

INGRÉDIENTS

12 saucisses de Francfort

2 courgettes, coupées
en rondelles de 1 cm

2 épis de maïs, coupés
en rondelles de 1 cm

12 tomates cerises

12 oignons grelots

2 cuil. à soupe d'huile d'olive

TOASTS À L'AIL

2 têtes d'ail

2 à 3 cuil. à soupe d'huile d'olive

1 baguette, coupée en tranches

sel et poivre

VALEURS NUTRITIONNELLES

Calories 620

Protéines . . . . .19 g

Glucides . . . . .75 g

Lipides . . . . .32 g

Acides gras saturés . . . . . . .2 g

variante

Tranchez une baguette au ¾ et tartinez
115 g de beurre mélangé à 2 gousses
d'ail. Enveloppez de papier d'aluminium
et faites cuire 15 minutes.

conseil

Pour griller le pain, ne posez
pas les tranches directement
au-dessus de braises chaudes.
Surveillez-les bien car elles
cuisent en quelques minutes
et risquent de brûler.

1 Préchauffer le
barbecue. Pour
les toasts à l'ail, prélever
l'extrémité supérieure des têtes
d'ail, badigeonner d'huile
et envelopper dans du papier
d'aluminium. Faire cuire
30 minutes au-dessus
de braises chaudes
en les retournant de temps
en temps.

2 Couper chaque saucisse
en 3 morceaux, piquer
en alternance les morceaux
de saucisse, les rondelles
de courgette et de maïs, les
tomates cerises et les oignons
sur des brochettes en métal,
et badigeonner d'huile d'olive.

3 Faire cuire les brochettes
8 à 10 minutes

au-dessus de braises chaudes
en les retournant et en les
badigeonnant fréquemment
d'huile. Enduire les tranches
de pain d'huile et faire griller
des deux côtés au barbecue.
Séparer les têtes d'ail, écraser
les gousses sur le pain, saler
et poivrer selon son goût.
Arroser éventuellement
d'un filet d'huile d'olive,

transférer les brochettes
sur un grand plat de service
et servir immédiatement avec
les toasts à l'ail.

légumes

La gamme de légumes susceptibles d'être cuisinés au barbecue est très étendue et certains, comme les courgettes, les aubergines, les oignons rouges et les poivrons, semblent être faits pour ce mode de cuisson. En grillant, ils acquièrent une texture subtilement moelleuse et deviennent terriblement appétissants.

Certaines recettes, comme les brochettes de légumes à la grecque (voir page 129), les hamburgers de champignons (voir page 139) et les papillotes de légumes estivales (voir page 144) font office de plat de résistance pour un repas végétarien, et beaucoup conviennent aussi aux végétaliens. D'autres recettes, comme les pommes de terre en éventail (voir page 133), servent d'accompagnement au poisson, à la volaille, à la viande et à des plat végétariens. D'autres, comme les légumes cajuns (voir page 147) deviendront polyvalents si vous adaptez les quantités. Bon nombre de ces plats, dont les tomates farcies en papillotes (voir page 132) et les aubergines au tsatziki (voir page 153) peuvent être dégustés en entrée pendant que vous préparez le plat principal.

Aucun barbecue ne serait parfait sans salades. Prévoyez bien sûr d'en proposer un assortiment. Choisissez la simplicité avec une salade mélangée, vous pouvez même l'acheter prête à l'emploi et ajouter simplement la vinaigrette, et complétez avec une des salades proposées à la fin de ce chapitre. Les salades à base de riz et de pâtes sont nourrissantes et très appréciées. Si vous recevez des amis, proposez un taboulé (voir page 156) ou étonnez-les avec l'éclatante salade de betteraves aux épinards (voir page 159).

brochettes de légumes à la grecque

cuisson : 35 min

**préparation : 20 min,
refroidissement : 40 min**

pour 4 personnes

VALEURS NUTRITIONNELLES

Calories 428

Protéines . . . . .19 g

Glucides . . . . .61 g

Lipides . . . . .23 g

Acides gras saturés . . . . . . .4 g

variante

Même si cette suggestion n'est pas authentiquement grecque, servez ces kébabs avec de l'aïoli (*voir* page 41), ou remplacez le halloumi par de la féta.

Un repas complet sur une brochette. Ces savoureux kébabs, comprenant une sélection de légumes, du fromage et, pour vous surprendre, des nectarines, offrent un spectacle vivement coloré.

INGRÉDIENTS

2 oignons

8 pommes de terre nouvelles, lavées mais non pelées

sel

1 aubergine, coupée en huit

8 épaisses rondelles de concombre

1 poivron rouge, épépiné et coupé en huit

1 poivron jaune, épépiné et coupé en huit

225 g de halloumi (fromage de brebis), coupé en huit cubes

2 nectarines, dénoyautées et coupées en quatre

8 champignons de Paris

2 cuil. à soupe d'huile d'olive

2 cuil. à café de thym frais haché

2 cuil. à café de romarin frais haché

1 portion de tsatziki (*voir* page 153), en accompagnement

conseil

Le halloumi, un fromage de brebis, est idéal pour le barbecue car il ramollit et grille sans fondre. Surveillez-le de près car il risque de brûler.

1 Préchauffer le barbecue. Couper les oignons en quartiers, mettre dans une casserole d'eau bouillante légèrement salée avec les pommes de terre, et laisser cuire 20 minutes. Égoutter et laisser refroidir. Faire blanchir l'aubergine 2 minutes dans l'eau bouillante, ajouter le concombre et laisser frémir

1 minute. Ajouter les poivrons et laisser frémir encore 2 minutes. Égoutter les légumes et laisser refroidir.

2 Mettre les légumes, le fromage, les nectarines et les champignons dans une terrine, ajouter l'huile d'olive et les herbes, et remuer pour bien enrober. Piquer les légumes, le fromage,

les nectarines et les champignons sur plusieurs brochettes en métal.

3 Faire cuire les kébabs 15 minutes au-dessus de braises chaudes en les retournant fréquemment, disposer sur un grand plat de service et servir immédiatement avec du tsatziki.

légumes grillés et pistou crémeux

pour 4 personnes   **préparation : 30 min**   **cuisson : 8 min**

Les légumes, en particulier les variétés petites, sont délicieux cuits au barbecue. Ici, ils sont servis avec un pistou qui les rehausse à merveille. Proposez ces légumes en accompagnement d'une viande grillée.

INGRÉDIENTS

1 oignon rouge	**PISTOU CRÉMEUX**
1 bulbe de fenouil	55 g de feuilles de basilic fraîches
4 petites aubergines	15 g de pignons de pin
4 petites courgettes	1 gousse d'ail
1 poivron orange	1 pincée de gros sel
1 poivron rouge	25 g de parmesan, fraîchement râpé
2 grosses tomates	50 ml d'huile d'olive vierge extra
2 cuil. à soupe d'huile d'olive	150 ml de yaourt à la grecque nature
sel et poivre	1 brin de basilic frais, en garniture

VALEURS NUTRITIONNELLES

Calories	313
Protéines	. . . . .10 g
Glucides	. . . . .26 g
Lipides	. . . . .24 g
Acides gras saturés	. . . . . . .6 g

variante

Si vous ne trouvez pas de petits légumes, coupez 2 aubergines en rondelles et 2 courgettes en deux dans la longueur.

conseil

Le pistou maison, sans yaourt, se conservera 3 jours au maximum au réfrigérateur dans un bocal hermétique. Si vous voyez qu'il sèche, arrosez-le d'un filet d'huile d'olive.

1 Préchauffer le barbecue. Pour le pistou, mettre le basilic, les pignons de pin, l'ail et le sel dans un mortier, écraser le tout avec un pilon, pour obtenir une pâte, et incorporer progressivement le parmesan, et l'huile. Transférer le yaourt à la grecque dans une terrine, incorporer 3 à 4 cuillerée à soupe de pistou et couvrir

de film alimentaire. Réfrigérer et réserver le reste de pistou au réfrigérateur dans un bocal hermétique.

2 Pour les légumes, couper l'oignon et le fenouil en quartiers, couper les extrémités des aubergines et des courgettes, et épépiner les poivrons. Couper les poivrons,

les aubergines et les tomates en deux, badigeonner d'huile, saler et poivrer selon son goût.

3 Faire cuire les aubergines et les poivrons 3 minutes au-dessus de braises chaudes, ajouter les courgettes, l'oignon et les tomates, et laisser cuire encore 5 minutes en les retournant de temps en

temps et en les badigeonnant d'huile si nécessaire. Transférer dans une grand plat de service, garnir de basilic frais et servir immédiatement avec le pistou.

tomates farcies en papillotes

pour 4 personnes

préparation : 15 min,
refroidissement : 15 min

cuisson : 20 min

Une farce originale pour ces tomates, avec des graines de tournesol grillées pour rehausser la saveur des épinards et du fromage.

INGRÉDIENTS

1 cuil. à soupe d'huile d'olive

2 cuil. à soupe de graines de tournesol

1 oignon, finement haché

1 gousse d'ail, finement hachée

500 g d'épinards frais, débarrassés de leurs tiges et feuilles ciselées

1 pincée de noix muscade fraîchement râpée

sel et poivre

4 tomates à farcir

140 g de mozzarella, coupée en dés

VALEURS NUTRITIONNELLES	
Calories 248	
Protéines . . . . .16 g	
Glucides . . . . .20 g	
Lipides . . . . .16 g	
Acides gras saturés . . . . . . .6 g	

conseil

Les graines de tournesol grillées à sec exhalent un arôme délicat, mais il convient de remuer constamment pour qu'elles ne brûlent pas.

1 Préchauffer le barbecue. Faire chauffer l'huile dans une sauteuse à fond épais, ajouter les graines de tournesol et faire griller 2 minutes sans cesser de remuer, jusqu'à ce qu'elles soient dorées. Ajouter l'oignon et faire revenir 5 minutes à feu doux sans laisser dorer, jusqu'à ce qu'il soit fondant. Ajouter l'ail et les épinards, couvrir

et faire cuire 2 à 3 minutes, jusqu'à ce que les épinards soient flétris. Retirer la sauteuse du feu, assaisonner de sel, de poivre et de noix muscade selon son goût, et laisser refroidir.

2 Couper le chapeau de chaque tomate, réserver et retirer la chair à l'aide d'une cuillère

en veillant à ne pas percer la peau. Concasser la chair et incorporer aux épinards avec la mozzarella.

3 Garnir les tomates de cette farce, remettre les chapeaux en place et découper 4 carrés de papier d'aluminium suffisamment grands pour envelopper les tomates. Poser une tomate au

centre de chaque carré, replier les bords vers le haut pour fermer la papillote et faire cuire les tomates 10 minutes au-dessus de braises chaudes en les retournant de temps en temps. Servir immédiatement dans les papillotes.

pommes de terre en éventail

🕐 cuisson : 1 heure   🕐 préparation : 5 min   pour 6 personnes

Ces pommes de terre rôties parfumées à l'ail remplacent les pommes en robe des champs classiques. Laissez-les cuire le temps nécessaire.

VALEURS NUTRITIONNELLES	
Calories	235
Protéines	. . . . .6 g
Glucides	. . . . .48 g
Lipides	. . . . .4 g
Acides gras saturés	. . . . . . .1 g

INGRÉDIENTS

6 grosses pommes de terre, brossées mais non pelées

2 cuil. à café d'huile d'olive aromatisée à l'ail

conseil

Pour l'huile aromatisée, versez 2 cuil. à soupe d'huile d'olive dans une terrine, ajoutez 1 gousse d'ail hachée, couvrez de film alimentaire, laissez infuser 2 heures et utilisez en suivant les indications.

1 Préchauffer le barbecue. À l'aide d'un couteau tranchant, pratiquer une série d'incisions sur presque toute la longueur des pommes de terre. Découper 6 carrés de papier d'aluminium suffisamment grands pour envelopper une pomme de terre.

2 Placer une pomme de terre au centre de chaque carré, badigeonner d'huile aromatisée à l'ail et replier les bords du papier d'aluminium vers le haut pour envelopper complètement les pommes de terre.

3 Faire cuire les pommes de terre en papillote 1 heure au-dessus de braises chaudes en les retournant de temps en temps, servir en accompagnement, et ouvrir délicatement la pomme de terre pour déployer l'éventail.

kébabs caraïbes épicés

pour 4 personnes   **préparation : 20 min,**   **cuisson : 15 min**
macération : 3 heures

Donnez une note tropicale à votre barbecue avec ces kébabs de légumes exotiques ; ils composent un délicieux plat de résistance végétarien et raviront aussi le palais des végétaliens.

INGRÉDIENTS

1 épi de maïs

1 christophine, pelée
et coupée en cubes

1 banane plantain mûre, pelée
et coupée en épaisses rondelles

1 aubergine, coupée en cubes

1 poivron rouge, épépiné
et coupé en cubes

1 poivron vert, épépiné
et coupé en cubes

1 oignon, coupé en quartiers

8 champignons de Paris

4 tomates cerises

MARINADE

150 ml de jus de tomates

4 cuil. à soupe d'huile de tournesol

4 cuil. à soupe de jus de citron vert

3 cuil. à soupe de sauce de soja épaisse

1 échalote, finement hachée

2 gousses d'ail, finement hachées

1 piment vert frais, épépiné
et finement haché

½ cuil. à café de cannelle en poudre

poivre

VALEURS NUTRITIONNELLES

Calories 250

Protéines . . . . .5 g

Glucides . . . . .44 g

Lipides . . . . .13 g

Acides gras saturés . . . . . . .2 g

variante

Vous pouvez remplacer le poivron vert par un poivron orange ou rouge, plus doux, et l'aubergine par 1 courgette, coupée en cubes.

conseil

La christophine est une courge en forme de poire très utilisée dans la cuisine caraïbe parce qu'elle absorbe facilement le parfum des épices. Si vous n'en trouvez pas, remplacez-les par des courgettes ou du potiron.

1 Retirer l'enveloppe et les soies de l'épi de maïs et couper en rondelles de 3 cm d'épaisseur. Faire blanchir les morceaux de christophine 2 minutes dans l'eau bouillante, égoutter et rafraîchir sous l'eau courante. Égoutter de nouveau et mettre les morceaux de christophine dans une grande terrine avec les rondelles de maïs et le reste des ingrédients.

2 Mélanger tous les ingrédients de la marinade dans un verre doseur, poivrer selon son goût et verser la marinade sur les légumes. Remuer pour bien les enrober, couvrir de film alimentaire et laisser mariner 3 heures au réfrigérateur.

3 Préchauffer le barbecue. Égoutter les légumes, réserver la marinade et piquer les légumes sur plusieurs brochettes en métal. Faire cuire 10 à 15 minutes au-dessus de braises chaudes en les retournant et en les badigeonnant fréquemment de marinade, transférer les brochettes sur un grand plat de service et servir immédiatement.

papillotes de courgettes à la féta

cuisson : 30 min　　　**préparation : 10 min**　　　**pour 4 personnes**

VALEURS NUTRITIONNELLES

Calories 172

Protéines . . . . .9 g

Glucides . . . . .14 g

Lipides . . . . .12 g

Acides gras saturés . . . . . . .1 g

variante

Si vous le souhaitez, vous pouvez remplacer la féta par de la mozzarella ou de la fontina et la menthe par du persil.

Ces courgettes farcies qui fondent dans la bouche sont idéales pour sustenter les amateurs de viande comme les végétariens ; vous pouvez les faire cuire dans les braises du barbecue et éviter ainsi tout contact avec la viande posée sur la grille.

INGRÉDIENTS

1 cuil. à soupe de menthe fraîche hachée

8 courgettes

1 cuil. à soupe d'huile d'olive

115 g de féta, coupée en lamelles

poivre

conseil

Utilisez des pinces à long manche pour poser et retirer les papillotes sur les braises du barbecue. Attention à l'ouverture des papillotes car elles risquent d'être brûlantes.

1 Préchauffer le barbecue. Découper 8 rectangles de papier d'aluminium suffisamment grands pour envelopper une courgette et badigeonner d'huile d'olive. Pratiquer une incision sur toute la longueur de chaque courgette et poser au milieu de chaque rectangle.

2 Insérer des lamelles de féta à l'intérieur des courgettes, arroser d'un filet d'huile d'olive et parsemer de menthe fraîche hachée. Poivrer selon son goût et replier les bords du papier d'aluminium pour envelopper complètement les courgettes.

3 Faire cuire les courgettes 30 minutes dans des braises pas trop chaudes, ouvrir délicatement les papillotes et servir immédiatement.

kébabs oignons rouges-fromage

pour 4 personnes

préparation : 10 min,
macération : 2 heures

cuisson : 10 à 15 min

Les oignons rouges ont une saveur douce et conservent leur attrayante couleur à la cuisson. Associés aux pommes et au fromage, ils forment une insolite combinaison de saveurs et de textures.

INGRÉDIENTS

3 oignons rouges

450 g de halloumi (fromage de brebis),
coupé en cubes de 2,5 cm

2 pommes, évidées et coupées
en quartiers

4 cuil. à soupe d'huile d'olive

1 cuil. à soupe de vinaigre de cidre

1 cuil. à soupe de moutarde de Dijon

1 gousse d'ail, finement hachée

1 cuil. à café de sauge finement hachée

sel et poivre

VALEURS NUTRITIONNELLES

Calories 449

Protéines . . . . .21 g

Glucides . . . . .29 g

Lipides . . . . .34 g

Acides gras saturés . . . . . . .2 g

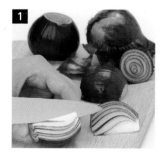

variante

Si vous préférez, vous pouvez servir ces kébabs avec de la sauce à la moutarde douce (*voir* page 13) ou du condiment aigre-doux (*voir* page 87).

1 Couper les oignons en quartiers et mettre dans une grande terrine non métallique peu profonde avec le fromage et les pommes. Mélanger l'huile, le vinaigre, la moutarde, l'ail et la sauge dans un verre doseur, saler et poivrer selon son goût.

2 Verser la marinade sur les oignons, le fromage et les pommes, remuer pour bien les enrober et couvrir de film alimentaire. Laisser mariner 2 heures au réfrigérateur.

3 Préchauffer le barbecue. Égoutter les oignons, le fromage et les pommes, réserver la marinade, et piquer les oignons, les dés de fromage et les quartiers de pommes sur des brochettes en métal. Faire cuire les kébabs 10 à 15 minutes au-dessus de braises chaudes en les retournant et en les badigeonnant fréquemment de marinade, transférer sur un grand plat de service et servir immédiatement.

hamburgers de champignons

cuisson : 20 min

préparation : 25 min, réfrigération : 1 heure

pour 4 personnes

Comme leurs homologues à base de viande, ces hamburgers végétariens maison sont très savoureux et beaucoup plus sains que les variétés vendues dans le commerce.

VALEURS NUTRITIONNELLES	
Calories	164
Protéines	7 g
Glucides	28 g
Lipides	5 g
Acides gras saturés	1 g

INGRÉDIENTS

115 g de champignons

2 cuil. à soupe d'huile d'olive vierge extra, un peu plus pour badigeonner

1 carotte

1 oignon

1 courgette

25 g de cacahuètes

115 g de chapelure blanche

1 cuil. à soupe de persil frais haché

1 cuil. à café d'extrait de levure

sel et poivre

1 cuil. à soupe de farine, pour saupoudrer

variante

Pour ces hamburgers, vous pouvez également utiliser des noix de cajou, des noisettes ou même un mélange de noisettes et de pistaches.

1 Hacher finement les champignons la carotte, l'oignon et la courgette, et réserver. Faire chauffer l'huile dans une sauteuse à fond épais, ajouter les champignons et faire revenir 8 minutes, jusqu'à ce qu'ils aient perdu leur eau. À l'aide d'une écumoire, transférer les champignons cuits dans une grande terrine.

2 Mettre les morceaux de carotte, d'oignon, de courgette et les cacahuètes dans un robot de cuisine, mixer pour hacher finement le tout, et transférer dans la terrine. Incorporer la chapelure, le persil haché et l'extrait de levure, saler et poivrer selon son goût. Fariner légèrement vos mains, façonner le mélange en

4 disques et poser sur une grande assiette. Couvrir de film alimentaire et réfrigérer 1 heure minimum, un jour au maximum.

3 Préchauffer le barbecue. Badigeonner les hamburgers d'huile de tournesol, faire cuire 8 à 10 minutes au-dessus de braises chaudes et servir.

brochettes végétariennes

🕐 cuisson : 8 à 10 min   🕐 préparation : 20 min   pour 4 personnes

VALEURS NUTRITIONNELLES
Calories 174
Protéines . . . . .10 g
Glucides . . . . .19 g
Lipides . . . . .10 g
Acides gras saturés . . . . . . .3 g

Riche en protéines, le tofu présente aussi l'immense avantage d'absorber les autres saveurs – dans ce cas précis, celle d'un glaçage à la moutarde et au miel.

INGRÉDIENTS

2 courgettes

1 poivron jaune, épépiné
et coupé en quatre

225 g de tofu ferme (poids égoutté)

4 tomates cerises

4 oignons grelots

8 champignons de Paris

GLAÇAGE AU MIEL

2 cuil. à soupe d'huile d'olive

1 cuil. à soupe de moutarde de Meaux

1 cuil. à soupe de miel liquide

sel et poivre

variante

Vous pouvez garnir ces brochettes uniquement de légumes. Remplacez le tofu par des morceaux d'aubergine, de courgette et des lanières de poivron rouge.

conseil

La moutarde de Meaux est à base de graines de moutarde noire écrasées et de vinaigre. Elle est assez forte et est disponible dans la plupart des supermarchés. Vous pouvez la remplacer par de la moutarde de Dijon.

1 Préchauffer le barbecue. À l'aide d'une mandoline, peler les courgettes de façon à obtenir des rayures jaunes et vertes, et couper en 8 épaisses rondelles. Couper chaque quartier de poivron jaune en deux. Couper le tofu égoutté en cubes de 2,5 cm.

2 Piquer les morceaux de poivron, les rondelles de courgettes, les cubes de tofu, les tomates cerises, les oignons grelots et les champignons de Paris sur 4 brochettes en métal. Pour le glaçage, mélanger l'huile d'olive, la moutarde et le miel dans un verre doseur, saler et poivrer selon son goût.

3 Badigeonner les brochettes de glaçage au miel, faire cuire 8 à 10 minutes au-dessus de braises pas trop chaudes en les retournant et en les badigeonnant fréquemment de marinade, et servir.

plateau de légumes

pour 4 personnes

préparation : 25 min,
macération : 1 heure

cuisson : 30 min

Cet assortiment de légumes, qui compose un plat coloré
pour un barbecue végétarien, peut aussi accompagner
une viande ou un poisson grillé.

INGRÉDIENTS

2 oignons rouges	sel et poivre
2 oignons blancs	1 poivron vert
2 bulbes de fenouil	1 poivron jaune
6 petits épis de maïs	1 poivron orange
12 tomates cerises	1 poivron rouge
4 cuil. à soupe d'huile d'olive	1 cuil. à soupe d'huile de tournesol
1 cuil. à soupe de jus de citron	mayonnaise au citron (*voir* page 13),
3 gousses d'ail, finement hachées	en accompagnement
2 cuil. à soupe de marjolaine fraîche	

VALEURS NUTRITIONNELLES

Calories	194
Protéines	. . . . .4 g
Glucides	. . . . .23 g
Lipides	. . . . .15 g
Acides gras saturés	. . . . . . .2 g

variante

Si vous préférez, remplacez
la mayonnaise au citron par de
la mayonnaise ordinaire (*voir* page 13)
ou essayez le pistou (*voir* page 130).

conseil

Il n'est pas nécessaire
de réfrigérer les légumes
dans leur marinade. Mettez-les
dans un endroit frais
en les couvrant de film
alimentaire.

1 Couper les oignons rouges et blancs en deux et réserver. Faire blanchir le fenouil et les épis de maïs 2 minutes dans une grande casserole d'eau bouillante, égoutter et rafraîchir sous l'eau courante. Couper les bulbes de fenouil en deux et mettre dans une terrine non métallique peu profonde. Couper les épis de maïs en deux dans la longueur et ajouter au fenouils avec les tomates cerises et les oignons.

2 Mélanger l'huile, le jus de citron, l'ail et la marjolaine dans un verre doseur, saler et poivrer selon son goût. Verser cette marinade sur les légumes, couvrir de film alimentaire et laisser mariner 1 heure.

3 Préchauffer le barbecue. Égoutter les légumes, réserver la marinade et piquer en alternance le maïs et les tomates sur des brochettes en bois préalablement trempées dans l'eau. Badigeonner les poivrons d'huile et faire cuire 10 minutes au-dessus de braises pas trop chaudes en les retournant fréquemment. Ajouter l'oignon et le fenouil et faire cuire 5 minutes en les badigeonnant de marinade. Ajouter les brochettes, et laisser cuire 10 minutes, en les retournant et en les badigeonnant fréquemment de marinade. Transférer les légumes dans un grand plat de service et servir avec de la mayonnaise au citron.

papillotes de légumes estivales

🕐 **cuisson : 25 à 30 min**   🕐 **préparation : 15 min**   **pour 4 personnes**

VALEURS NUTRITIONNELLES

Calories 299	
Protéines . . . . .3 g	
Glucides . . . . .23 g	
Lipides . . . . .25 g	
Acides gras saturés . . . . . .16 g	

variante

Si vous ne trouvez pas de petits légumes, optez pour des plus gros et coupez-les en morceaux – bâtonnets de courgette et de carotte, et dés d'aubergine.

Vous pouvez choisir les petits légumes que vous souhaitez, mini couges, maïs et tomates ajoutent de la couleur. Servez-les avec de la viande ou du poisson grillé pour composer un repas nourrissant.

INGRÉDIENTS

1 kg de mélange de petits légumes :
carottes, mini courges, maïs, tomates,
poireaux, zuchettes et oignons

1 citron

115 g de beurre

3 cuil. à soupe de mélange d'herbes
aromatiques fraîches – persil, thym
et cerfeuil

2 gousses d'ail

sel et poivre

conseil

Il est préférable d'utiliser un papier d'aluminium épais pour que les papillotes ne se déchirent pas lorsque vous les retournez.

1 Préchauffer le barbecue. Découper 4 carrés de papier d'aluminium de 30 cm de côté et répartir les légumes dessus.

2 Presser le citron pour en extraire le jus et réserver. Râper finement le zeste de citron, mettre dans un robot de cuisine avec le beurre, les herbes aromatiques et l'ail, et mixer jusqu'à obtention d'une préparation homogène ou battre le tout dans une terrine. Saler et poivrer selon son goût.

3 Déposer de petites noix de beurre sur les légumes, replier les bords du papier d'aluminium vers le haut pour fermer les papillotes, et faire cuire 25 à 30 minutes au-dessus de braises pas trop chaudes, en les retournant de temps en temps. Ouvrir les papillotes, arroser les légumes de jus de citron réservé et servir immédiatement.

maïs et condiment au bleu

pour 6 personnes   **préparation : 15 min**   **cuisson : 15 à 20 min**

Les épis de maïs sont délicieux grillés au barbecue. Cuisinez-les quand ils sont frais ; en effet, comme leurs sucres naturels se convertissent rapidement en amidon, ils perdent leur saveur douce.

INGRÉDIENTS

140 g de bleu danois
(ou autre variété de bleu)
140 g de fromage blanc
125 ml de yaourt à la grecque nature
sel et poivre
6 épis de maïs dans leur enveloppe

VALEURS NUTRITIONNELLES

Calories 255

Protéines . . . . .12 g

Glucides . . . . .25 g

Lipides . . . . .14 g

Acides gras saturés . . . . . . .8 g

conseil

Choisissez des épis de maïs très frais, lourds et pourvus de soies abondantes et dorées.

1 Préchauffer le barbecue. Émietter le bleu danois dans une terrine, battre à l'aide d'une cuillère en bois jusqu'à obtention d'une crème et incorporer le fromage blanc. Battre pour obtenir une crème onctueuse, incorporer progressivement le yaourt à la grecque, saler et poivrer selon son goût. Couvrir de film alimentaire et laisser refroidir au réfrigérateur.

2 Replier l'enveloppe des épis de maïs, retirer les soies et replacer l'enveloppe. Lisser de la paume de la main. Découper 4 rectangles de papier d'aluminium et envelopper complètement chaque épi de maïs.

3 Faire cuire les épis 15 à 20 minutes au-dessus de braises pas trop chaudes en les retournant fréquemment, déballer les épis de maïs et jeter le papier d'aluminium. Retirer la moitié de l'enveloppe de chaque épi, couper l'extrémité à l'aide d'un couteau tranchant ou de ciseaux de cuisine, et servir immédiatement avec la sauce au bleu.

légumes cajuns

⏱ **cuisson : 12 à 15 min**   ⏱ **préparation : 10 min**   **pour 4 personnes**

Ces légumes épicés feraient un accompagnement parfait pour le poulet Louisiane (voir page 71) et le bar caraïbe (voir page 20).

VALEURS NUTRITIONNELLES	
Calories	244
Protéines	. . . . .5 g
Glucides	. . . . .49 g
Lipides	. . . . .8 g
Acides gras saturés	. . . . . . .4 g

INGRÉDIENTS

4 épis de maïs

2 patates douces

25 g de beurre, fondu

MÉLANGE D'ÉPICES

2 cuil. à café de paprika

1 cuil. à café de cumin en poudre

1 cuil. à café de coriandre en poudre

1 cuil. à café de poivre noir

½ à 1 cuil. à café de poudre de piment

conseil

La chair des patates douces varie en couleur du blanc à l'orangé. La variété à chair orange est plus attrayante et renferme aussi plus de nutriments.

1 Préchauffer le barbecue. Pour le mélange d'épices, rassembler tous les ingrédients dans une terrine et remuer.

2 Retirer les enveloppes et les soies des épis de maïs et couper chaque épi en 4 morceaux égaux. Couper les patates douces en épaisses rondelles sans les éplucher,

badigeonner de beurre fondu les morceaux de maïs et de patates douces et saupoudrer de mélange d'épices.

3 Faire cuire les morceaux de maïs et de patates douces 12 à 15 minutes au-dessus de braises pas trop chaudes en les retournant fréquemment, badigeonner

de beurre fondu si nécessaire, et saupoudrer d'épices en cours de cuisson. Transférer le maïs et les patates douces sur un grand plat de service et servir immédiatement.

roulés d'aubergines aux patates douces

pour 4 à 6 personnes   **préparation : 30 min** 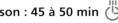   **cuisson : 45 à 50 min**

*Partiellement cuits à l'avance, ces appétissants petits roulés
à la farce savoureuse terminent leur cuisson en papillote.*

INGRÉDIENTS

450 g de patates douces	1 cuil. à café ½ de paprika
sel et poivre	1 cuil. à café ½ de poudre de curry
4 oignons verts, hachés	1 cuil. à café ½ de sel de céleri
175 g de gruyère, coupé en dés	1 cuil. à café de sucre en poudre
1 poivron rouge, épépiné et haché	1 cuil. à soupe d'ail séché
1 gousse d'ail, hachée	4 grosses aubergines
1 cuil. à café de thym frais haché	3 cuil. à soupe d'huile d'olive,
25 g de farine	un peu plus pour badigeonner

VALEURS NUTRITIONNELLES

Calories 452

Protéines . . . . .17 g

Glucides . . . . .55 g

Lipides . . . . .27 g

Acides gras saturés . . . . . .11 g

variante

L'emmental convient aussi très bien
pour ce plat. Si vous le souhaitez,
remplacez le gruyère par une quantité
équivalente d'emmental.

conseil

Pour éviter que les aubergines
n'absorbent trop d'huile en cours
de friture, mettez-les auparavant
dans une passoire, parsemez
de sel et laissez dégorger
30 minutes. Rincez et essuyez
avec du papier absorbant.

1 Préchauffer le
barbecue. Faire cuire
les patates douces 20 minutes
dans une casserole d'eau
bouillante salée, jusqu'à
ce qu'elles soient tendres,
égoutter et laisser tiédir.
Éplucher, écraser dans
une grande terrine jusqu'à
obtention d'une purée,
et ajouter les oignons verts,
le fromage, le poivron rouge,

l'ail et le thym. Saler et poivrer
selon son goût.

2 Verser la farine sur
une grande assiette
et ajouter le paprika, le curry,
le sel de céleri, le sucre
et l'ail séché. Couper chaque
aubergine en quatre dans la
longueur et saupoudrer de
farine épicée. Faire chauffer la
moitié de l'huile d'olive dans

une grande sauteuse, ajouter
les aubergines et faire dorer
en plusieurs fois, en ajoutant
de l'huile si nécessaire. Retirer
à l'aide d'une écumoire
et laisser refroidir.

3 Garnir chaque tranche
d'aubergine
de mélange aux patates
douces et rouler. Découper
4 carrés de papier d'aluminium

de 30 cm de côté, badigeonner
d'huile et déposer 4 roulés
d'aubergine sur chaque carré.
Fermer les papillotes, faire cuire
les roulés 25 à 30 minutes
au-dessus de braises pas trop
chaudes en les retournant
de temps en temps et ouvrir
les papillotes. Transférer
les roulés d'aubergines
sur un grand plat de service
et servir immédiatement.

kébabs à l'indienne

cuisson : 10 à 12 min   **préparation : 15 min**   **pour 4 personnes**

variante

Remplacez le chou-fleur par du brocoli et le poivron orange par du poivron vert ou rouge.

Des légumes, du fromage et des fruits badigeonnés d'une pâte épicée ne demandent qu'une assiettée de salade pour un repas végétarien.

INGRÉDIENTS

175 g de paneer
(fromage indien à pâte molle)
8 tomates cerises
1 poivron orange, épépiné
et coupé en morceaux
8 morceaux de chou-fleur
3 tranches d'ananas, coupées en quatre
1 mangue pelée, dénoyautée
et coupée en dés

GLAÇAGE

2 cuil. à soupe de jus de citron vert
2 cuil. à soupe de sauce au piment
1 cuil. à soupe d'huile
1 cuil. à soupe de miel liquide
1 cuil. à soupe d'eau
1 pincée de cumin en poudre
sel et poivre

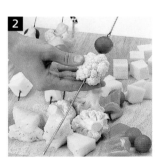

conseil

Le paneer est un fromage indien à pâte molle obtenu à base de lait caillé et de jus de citron, égoutté et pressé, il se vend dans les épiceries indiennes mais vous pouvez très bien le remplacer par du tofu.

1 Préchauffer le barbecue. Mettre tous les ingrédients du glaçage dans une terrine, saler et poivrer selon son goût. Fouetter jusqu'à obtention d'un mélange homogène et réserver.

2 À l'aide d'un couteau tranchant, couper le fromage en cubes de 2,5 cm, et piquer les tomates, le poivron, le chou-fleur, l'ananas, la mangue et le fromage sur 4 longues brochettes en métal.

3 Badigeonner les kébabs de glaçage et faire cuire 10 à 12 minutes au-dessus de braises pas trop chaudes en les retournant et en les badigeonnant fréquemment de glaçage, et servir immédiatement.

brochettes d'abricots et de pruneaux

pour 4 personnes   **préparation : 15 min**   **cuisson : 25 min**

Ces brochettes aux fruits secs, savoureuses à souhait, accompagnent à merveille les côtes de porc, les magrets de canard, les barons d'agneau ou les kébabs car elles neutralisant la saveur riche de la viande.

INGRÉDIENTS

500 g d'oignons grelots

175 g de pruneaux dénoyautés

225 g d'abricots secs, dénoyautés

1 bâtonnet de cannelle de 5 cm

225 ml de vin blanc

2 cuil. à soupe de sauce au piment

2 cuil. à soupe d'huile de tournesol

VALEURS NUTRITIONNELLES

Calories 292

Protéines . . . . .5 g

Glucides . . . . .93 g

Lipides . . . . .6 g

Acides gras saturés . . . . . . .1 g

conseil

Les oignons grelots ont un goût fin et sucré. Si vous n'en trouvez pas, utilisez des échalotes ou un oignon blanc coupé en morceaux.

1   Couper les extrémités des oignons, retirer leur peau et réserver. Mettre les pruneaux, les abricots, la cannelle et le vin dans une casserole à fond épais, porter à ébullition et réduire le feu. Laisser frémir 5 minutes, égoutter, et réserver le jus de cuisson. Laisser tiédir les fruits.

2   Verser de nouveau le jus de cuisson et la cannelle dans la casserole, porter à ébullition et laisser réduire de moitié. Retirer la casserole du feu, jeter le bâtonnet de cannelle et incorporer la sauce au piment et l'huile.

3   Piquer les pruneaux, les abricots et les oignons sur plusieurs brochettes en métal, faire cuire 10 minutes au-dessus de braises pas trop chaudes en les retournant et en les badigeonnant fréquemment de préparation au vin, et servir immédiatement.

aubergines au tsatziki

⏱ **cuisson : 10 min**   ⏱ **préparation : 15 minutes**   **pour 4 personnes**

Voilà une délicieuse entrée pour un barbecue ou bien un plat à inclure dans un buffet végétarien aux côtés des tomates farcies (voir page 132) ou des papillotes de courgettes à la féta (voir page 136).

VALEURS NUTRITIONNELLES	
Calories	137
Protéines	. . . . .5 g
Glucides	. . . . .10 g
Lipides	. . . . .11 g
Acides gras saturés	. . . . . . .4 g

INGRÉDIENTS

2 cuil. à soupe d'huile d'olive

sel et poivre

2 aubergines, finement émincées

TSATZIKI

½ concombre

200 ml de yaourt à la grecque nature

2 oignons verts, finement hachés

1 gousse d'ail, finement hachée

3 cuil. à soupe de menthe fraîche hachée

sel et poivre

1 brin de menthe fraîche, en garniture

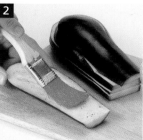

conseil

Pour accompagner les aubergines, servez la sauce suivante : mélangez 300 ml de crème aigre avec 2 gousses d'ail hachées. Salez, poivrez et réfrigérer avant de servir.

1 Préchauffer le barbecue. Pour le tsatziki, hacher finement le concombre, mettre le yaourt dans une terrine et battre jusqu'à obtention d'une préparation lisse. Incorporer le concombre, les oignons verts, l'ail et la menthe, saler et poivrer selon son goût. Transférer dans une petite terrine, couvrir de film alimentaire et laisser refroidir au réfrigérateur.

2 Saler, poivrer l'huile d'olive, et badigeonner les tranches d'aubergine de ce mélange.

3 Faites griller les aubergines au-dessus de braises chaudes 5 minutes de chaque côté, badigeonner d'huile si nécessaire et disposer dans un grand plat de service. Garnir de brins de menthe fraîche et servir immédiatement avec le tsatziki.

salade de riz tropicale

pour 4 personnes   **préparation : 20 min**   **cuisson : 15 min**

Les salades de riz sont toujours très appréciées ; ce mélange fruité et coloré se marie bien avec la viande ou la volaille grillée.

INGRÉDIENTS

115 g de riz long grain

sel et poivre

4 oignons verts

225 g d'ananas en boîte au naturel

200 g de maïs en boîte, égoutté

**2 poivrons rouges, épépinés
et coupés en dés**

3 cuil. à soupe de raisins de Smyrne

SAUCE

1 cuil. à soupe d'huile d'arachide

1 cuil. à soupe d'huile de noisettes

1 cuil. à soupe de sauce de soja claire

1 gousse d'ail, finement hachée

1 cuil. à café de gingembre frais haché

VALEURS NUTRITIONNELLES

Calories	300
Protéines	. . . . .5 g
Glucides	. . . . .83 g
Lipides	. . . . .7 g
Acides gras saturés	. . . . . . .1 g

variante

Essayez d'autres huiles aromatisées – huile de noix ou de sésame, par exemple. Vous pouvez remplacer l'huile d'arachide par de l'huile de tournesol.

conseil

Avant de faire cuire le riz, lavez-le sous l'eau courante pour retirer les éventuelles impuretés. Après la cuisson, rincez-le à nouveau pour éliminer l'amidon.

1 Faire cuire le riz 15 minutes dans une grande casserole d'eau bouillante légèrement salée, jusqu'à ce qu'il soit tendre, égoutter et rincer sous l'eau courante. Transférer le riz dans un grand saladier.

2 Hacher finement les oignons verts à l'aide d'un couteau tranchant.

Égoutter l'ananas et réserver le jus dans un verre doseur. Ajouter les morceaux d'ananas, le maïs, les poivrons rouges, les oignons verts hachés et les raisins de Smyrne au riz, et remuer.

3 Ajouter les ingrédients de la sauce au jus d'ananas, bien battre, saler et poivrer selon son goût.

Verser la sauce sur la salade, remuer pour bien enrober, et servir immédiatement.

taboulé

pour 4 personnes **préparation : 10 min, repos et macération : 1 h 30** **cuisson : 0 min**

Cette salade du Moyen-Orient en vogue, constitue un accompagnement classique pour l'agneau mais se marie à la plupart des viandes grillées.

INGRÉDIENTS

175 g de boulgour

3 cuil. à soupe d'huile d'olive vierge extra

4 cuil. à soupe de jus de citron

sel et poivre

4 oignons verts

1 poivron vert, épépiné et émincé

4 tomates, concassées

2 cuil. à soupe de persil frais haché

2 cuil. à soupe de menthe fraîche hachée

8 olives noires, dénoyautées

brins de menthe fraîche, en garniture

VALEURS NUTRITIONNELLES

Calories 265

Protéines . . . . .6 g

Glucides . . . . .41 g

Lipides . . . . .11 g

Acides gras saturés . . . . . . .2 g

variante

Utilisez diverses variétés de tomates – essayez les tomates en grappe qui ont une saveur douce ou les tomates cerises coupées en deux.

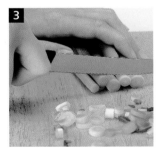

conseil

Les grains de boulgour ont été concassés lors d'une ébullition et sont partiellement cuits ; il est seulement nécessaire de les réhydrater. Ne préparez pas cette salade trop à l'avance car elle risquerait d'être détrempée.

1 Mettre le boulgour dans une grande terrine, couvrir d'eau froide et laisser reposer 30 minutes, jusqu'à ce que la graine ait doublé de volume. Bien égoutter, presser pour éliminer le liquide et étaler le boulgour sur du papier absorbant pour le sécher.

2 Transférer le boulgour dans un saladier.

Mélanger l'huile d'olive et le jus de citron dans un verre doseur, saler et poivrer selon son goût. Verser ce mélange sur le boulgour et laisser mariner 1 heure.

3 Hacher finement les oignons verts à l'aide d'un couteau tranchant, ajouter à la salade avec le poivron vert, les tomates, le persil et la menthe, et remuer pour mélanger. Ajouter les olives, garnir de brins de menthe fraîche et servir.

salade de pâtes au fromage et aux noix

pour 4 personnes   **préparation : 15 min** 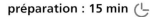   **cuisson : 10 à 15 min**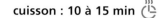

C'est une salade idéale à servir lors d'un barbecue : elle n'est pas uniquement composée de pâtes (ce qui pourrait paraître un peu commun), mais aussi d'un mélange coloré de mesclun.

INGRÉDIENTS

225 g de fusillis

225 g de dolcelatte

100 g de salade mélangée –
feuille de chêne, roquette, trévise,
jeunes épinards, mâche …

115 g de cerneaux de noix

4 cuil. à soupe d'huile de tournesol

2 cuil. à soupe d'huile de noix

2 cuil. à soupe de vinaigre de vin rouge

sel et poivre

VALEURS NUTRITIONNELLES

Calories 759

Protéines . . . . .17 g

Glucides . . . . .46 g

Lipides . . . . .56 g

Acides gras saturés . . . . . .17 g

conseil

Vous pouvez choisir
un autre fromage piquant :
un bleu ou un fromage
de chèvre, ou même de la féta
si vous préférez.

1 Faire cuire les pâtes 8 à 10 minutes dans une grande casserole d'eau bouillante légèrement salée, jusqu'à ce qu'elles soient al dente, égoutter, et rincer à l'eau courante. Égoutter de nouveau.

2 À l'aide d'un couteau tranchant, couper le fromage en cubes. Mettre la salade dans un grand saladier, ajouter les pâtes cuites et parsemer de fromage.

3 Préchauffer le gril à température moyenne, poser les cerneaux de noix sur une plaque de four et passer quelques minutes au gril, jusqu'à ce qu'ils soient grillés. Laisser refroidir, mélanger l'huile de tournesol, l'huile de noix et le vinaigre de vin dans un verre doseur, saler et poivrer selon son goût. Arroser la salade de sauce, remuer et parsemer de noix grillées.

salade de betteraves aux épinards

cuisson : 5 min   **préparation : 10 min**   **pour 4 personnes**

*La betterave et l'orange sont une combinaison classique
dans laquelle on a introduit de jeunes épinards
pour créer un contraste de saveurs et de coloris.*

VALEURS NUTRITIONNELLES	
Calories	173
Protéines	. . . . .5 g
Glucides	. . . . .38 g
Lipides	. . . . .9 g
Acides gras saturés	. . . . . . .1 g

INGRÉDIENTS

650 g de betteraves cuites

**3 cuil. à soupe d'huile d'olive
vierge extra**

jus d'une orange

1 cuil. à café de sucre en poudre

1 cuil. à café de grains de fenouil

sel et poivre

115 g de jeunes épinards frais

conseil

Pour préparer des betteraves
crues, faites-les cuire 1 heure
dans une casserole d'eau jusqu'à
ce qu'elles soient fondantes.
Égouttez et laissez refroidir.
Retirez la peau
et coupez la racine.

1 Couper les betteraves
en dés et réserver. Faire
chauffer l'huile d'olive dans
une casserole à fond épais,
ajouter le jus d'orange, le sucre
et les graines de fenouil sans
cesser de remuer, jusqu'à
ce que le sucre soit dissous,
saler et poivrer selon son goût.

2 Ajouter la betterave
réservée au contenu
de la casserole, remuer pour
bien enrober et retirer
la casserole du feu.

3 Disposer les feuilles
d'épinards dans
un grand saladier, garnir
de betteraves chaudes et servir
immédiatement.

desserts

Les desserts cuisinés au barbecue sont assez rares, peut-être parce que les convives sont rassasiés de grillades en tous genres, que le cuisinier est las de manier les pinces ou que la grille du barbecue est souillée de sauce de soja ou de moutarde. Dommage, car beaucoup de fruits prennent une nouvelle dimension grillés au feu de bois.

Un second barbecue éliminera le problème des résidus de plats salés. La plupart des desserts cuisant assez vite, un barbecue jetable bon marché conviendrait parfaitement pour des recettes comme l'ananas totalement tropical (voir page 162) ou les fruits à la cannelle (voir page 170). Sinon, choisissez une recette comme celle des pommes coco (voir page 166), pour laquelle les fruits sont enveloppés dans du papier d'aluminium avant la cuisson.

Si vous avez chaud, ou si vous êtes vraiment las de surveiller les braises, persuadez une autre personne de prendre en charge la cuisson des desserts. Bien des desserts se bonifient en marinant ; vous pouvez donc les préparer à l'avance et charger quelqu'un de les retourner et de les badigeonner.

Peut-être avez-vous décidé de clore un repas classique par un dessert cuisiné au barbecue. Par exemple, si vous recevez des amis pour un repas en plein air que vous avez préparé à l'avance, préchauffer le barbecue pendant que vous dégustez le plat principal, vous pourrez ainsi faire cuire le dessert au moment voulu et terminerez en beauté.

ananas totalement tropical

⏱ **cuisson : 6 à 8 min**   ⏱ **préparation : 15 min**   **pour 4 personnes**

VALEURS NUTRITIONNELLES

Calories 206

Protéines . . . . .1 g

Glucides . . . . .40 g

Lipides . . . . .12 g

Acides gras saturés . . . . . . .7 g

Le délicieux arôme d'ananas et de rhum, exhalé par ce dessert en train de cuire au-dessus des braises, vous transportera en un éclair sur une plage des Caraïbes. Le gingembre ajoute une subtile note épicée.

INGRÉDIENTS

1 ananas

3 cuil. à soupe de rhum ambré

2 cuil. à soupe de sucre de canne

1 cuil. à café de gingembre en poudre

4 cuil. à soupe de beurre, fondu

variante

Si vous préférez, coupez l'ananas en dés ou en quartiers, piquez les morceaux sur des brochettes et badigeonnez de sirop au rhum avant de les faire cuire.

conseil

Si possible, faites cuire l'ananas sur une autre grille, voire un autre barbecue. Utilisez de préférence une paire de pinces à long manche pour retourner les tranches d'ananas en cours de cuisson.

1 Préchauffer le barbecue. À l'aide d'un couteau tranchant, couper les feuilles de l'ananas, couper le fruit en tranches de 2 cm d'épaisseur et retirer la peau de chaque tranche ainsi que les « yeux ». Ôter le cœur à l'aide d'un évidoir à pomme ou d'un petit emporte-pièce.

2 Mélanger le rhum, le sucre, le gingembre et le beurre dans un verre doseur sans cesser de remuer jusqu'à dissolution du sucre, et badigeonner les tranches d'ananas de cette sauce.

3 Faire cuire l'ananas 3 à 4 minutes de chaque côté au-dessus de braises chaudes, transférer sur des assiettes et napper de sauce au rhum. Servir immédiatement.

fruits caramélisés

pour 4 personnes

préparation : 15 min, macération : 1 heure

cuisson : 5 min

Surprise ! Des fraises fraîches dans une salade de fruits grillés au feu de bois, voilà une association plutôt insolite mais goûteuse.

INGRÉDIENTS

150 ml de xérès

115 g de sucre en poudre

4 pêches

1 melon d'Espagne, coupé en deux et épépiné

225 g de fraises

VALEURS NUTRITIONNELLES

Calories 234	
Protéines . . . . .2 g	
Glucides . . . . .98 g	
Lipides . . . . .0 g	
Acides gras saturés . . . . . . .0 g	

conseil

Pour ce plat, choisissez de grosses fraises bien mûres. Ne les équeutez pas et veillez à les retourner fréquemment en cours de cuisson pour éviter qu'elles ne brûlent.

1 Mélanger le xérès et le sucre dans une grande jatte sans cesser de remuer jusqu'à dissolution du sucre.

2 Couper les pêches en deux, retirer les noyaux, et mettre dans une autre jatte. Couvrir d'eau bouillante, laisser reposer 15 à 20 secondes et retirer à l'aide d'une écumoire. Éplucher, couper les moitiés de melon en quartiers et retirer la peau. Ajouter les morceaux de melon, de pêche et les fraises dans la jatte contenant la sauce au xérès, remuer délicatement pour bien enrober, et couvrir de film alimentaire. Laisser mariner 1 heure au réfrigérateur.

3 Préchauffer le barbecue. Égoutter les fruits, réserver la marinade et faire griller les melons et les pêches 3 minutes au-dessus de braises chaudes. Ajouter les fraises, cuire encore 2 minutes et retourner les fruits en badigeonnant fréquemment de marinade. Servir.

pêche melba

⏲ **cuisson : 3 à 5 min**　　　🕐 **préparation : 15 min,**　　　**pour 4 personnes**
　　　　　　　　　　　　　　　 macération : 1 heure

Ce dessert riche et fruité d'une élégante simplicité terminera avec brio un barbecue de fête.

VALEURS NUTRITIONNELLES	
Calories	.480
Protéines	.8 g
Glucides	.162 g
Lipides	.15 g
Acides gras saturés	.10 g

INGRÉDIENTS

2 grosses pêches pelées, coupées
en deux et dénoyautées

1 cuil. à soupe de sucre roux

1 cuil. à soupe d'Amaretto

450 g de framboises fraîches,
un peu plus pour décorer

115 g de sucre glace

600 ml de glace à la vanille

conseil

Pour bien réussir votre dessert,
sortez la glace à la vanille
du freezer 20 minutes
avant de servir et laissez-la
au réfrigérateur. Elle ramollira
un peu et sera plus facile
à servir.

1 Mettre les moitiés
de pêche dans une
grande jatte peu profonde,
saupoudrer de sucre roux
et arroser d'Amaretto. Couvrir
de film alimentaire et laisser
mariner 1 heure.

2 Pendant ce temps,
avec le dos d'une
cuillère, passer les framboises
au tamis au-dessus d'une jatte,
jeter le contenu du tamis
et incorporer le sucre glace
à la purée de framboises.
Couvrir de film alimentaire
et laisser refroidir
au réfrigérateur.

3 Préchauffer le barbecue.
Égoutter les pêches,
réserver la marinade et faire
cuire les pêches 3 à 5 minutes
au-dessus de braises chaudes
en les retournant et en
les badigeonnant
fréquemment de marinade.
Pour servir, mettre 2 boules
de glace à la vanille dans
chaque coupe, garnir d'une
moitié de pêche et napper
de coulis de framboises.
Décorer de framboises entières
et servir.

pommes coco

Voilà une variante au barbecue des pommes au four, mais au lieu d'être farcies de fruits secs, elles sont coupées en rondelles et fourrées d'un riche mélange de confiture et de noix de coco.

INGRÉDIENTS

2 cuil. à café de beurre doux

4 cuil. à soupe de confiture de pommes au gingembre

115 g de noix de coco déshydratée

1 pincée de cannelle en poudre

4 pommes

crème fraîche épaisse ou crème glacée, en accompagnement (facultatif)

VALEURS NUTRITIONNELLES

Calories 312

Protéines . . . . .2 g

Glucides . . . . .64 g

Lipides . . . . .20 g

Acides gras saturés . . . . . . .1 g

---

variante

Vous pouvez remplacer les pommes par de grosses poires fermes et choisir une autre confiture, d'abricots par exemple.

---

conseil

Vous trouverez de la noix de coco déshydratée dans les supermarchés ou les épiceries spécialisées. Conservez dans un récipient hermétique et utilisez rapidement.

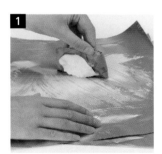

1 Préchauffer le barbecue. Découper 4 carrés de papier d'aluminium suffisamment grands pour envelopper une pomme et beurrer. Dans une jatte, mélanger la confiture de pommes avec la noix de coco et incorporer la cannelle.

2 Évider les pommes sans les éplucher, couper chaque pomme horizontalement en 3 rondelles et étaler le mélange confiture-noix de coco sur chaque rondelle. Recomposer chaque pomme, placer une pomme sur chaque carré d'aluminium et replier les bords pour fermer les papillotes.

3 Faire cuire les pommes 15 à 20 minutes au-dessus de braises chaudes et servir immédiatement, éventuellement avec de la crème fraîche ou de la crème glacée.

brochettes de fruits

Pour réaliser ces brochettes irrésistibles, piochez dans la gamme des fruits à chair ferme. Tremper les brochettes en bois dans l'eau froide avant usage pour les empêcher de brûler.

INGRÉDIENTS

2 nectarines, coupées en deux et dénoyautées

2 kiwis

4 prunes rouges

1 mangue pelée, coupée en deux et dénoyautée

2 bananes, pelées et coupées en épaisses rondelles

8 fraises, équeutées

1 cuil. à soupe de miel liquide

3 cuil. à soupe de Cointreau

VALEURS NUTRITIONNELLES

Calories	185
Protéines	. . . . .3 g
Glucides	. . . . .75 g
Lipides	. . . . .1 g
Acides gras saturés	. . . . . . .0 g

conseil

Si vous servez ces brochettes aux enfants, remplacez le Cointreau par du jus d'orange. Pour plus de facilité, retirez les fruits cuits des brochettes pour les servir.

1 Couper les moitiés de nectarines en deux et mettre dans une grande jatte peu profonde. Peler et couper les kiwis en quatre. Couper les prunes en deux et retirer les noyaux. Couper la mangue en morceaux et ajouter aux nectarines avec les kiwis, les prunes, les bananes et les fraises.

2 Mélanger le miel et le Cointreau dans un verre doseur, bien remuer, et napper les fruits de cette marinade pour qu'ils soient légèrement enrobés. Couvrir de film alimentaire et laisser mariner 1 heure au réfrigérateur.

3 Préchauffer le barbecue. Égoutter les fruits,

réserver la marinade et piquer les fruits sur plusieurs brochettes en bois préalablement trempées dans l'eau. Faire cuire 5 à 7 minutes au-dessus de braises pas trop chaudes, en les retournant et en les badigeonnant fréquemment de marinade, et servir immédiatement.

fruits en papillotes

cuisson : 4 min **préparation : 15 min** **pour 4 personnes**

Si vous ne possédez pas un second barbecue, les fruits en papillotes sont une bonne idée de dessert, ils n'absorbent pas les saveurs des aliments salés cuits précédemment et gardent une texture moelleuse.

VALEURS NUTRITIONNELLES	
Calories 112	
Protéines . . . . .2 g	
Glucides . . . . .56 g	
Lipides . . . . .0 g	
Acides gras saturés . . . . . . .0 g	

INGRÉDIENTS

2 oranges

2 pommes

jus d'un citron

2 poires

4 cuil. à café de sucre roux

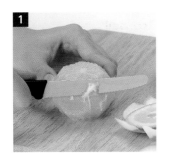

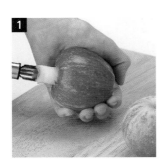

conseil

Badigeonnez les fruits coupés, pommes ou poires par exemple, de jus de citron pour éviter qu'ils ne se décolorent ; cela permet aussi de rehausser leur goût.

1 Préchauffer le barbecue. Peler les oranges à vif en retirant délicatement la peau blanche et couper chaque orange en 6 rondelles horizontales. Évider les pommes sans les peler, couper chaque pomme en 6 rondelles et badigeonner de jus de citron. Peler, évider les poires et couper en 6 rondelles. Badigeonner de jus de citron.

2 Découper 4 grands carrés de papier d'aluminium, répartir les morceaux de fruits et saupoudrer de 1 cuillerée à soupe de sucre. Replier les bords pour fermer la papillote.

3 Faire cuire les fruits 4 minutes au-dessus de braises pas trop chaudes et servir immédiatement dans leurs papillotes.

fruits à la cannelle, sauce au chocolat

pour 4 personnes  **préparation : 10 min** **cuisson : 10 min**

Ces brochettes de fruits frais sont tartinées de beurre épicé avant la cuisson et servies avec une sauce au chocolat toute simple à préparer.

INGRÉDIENTS

4 tranches d'ananas frais

2 kiwis, pelés et coupés en quatre

12 fraises, équeutées

1 cuil. à soupe de beurre fondu

1 cuil. à café de cannelle en poudre

1 cuil. à soupe de jus d'orange

SAUCE AU CHOCOLAT

225 g de chocolat noir

25 g de beurre

125 g de sucre en poudre

125 ml de lait concentré

1 cuil. à café d'extrait naturel de vanille

4 cuil. à soupe de Kahlua

VALEURS NUTRITIONNELLES

Calories 643

Protéines . . . . .6 g

Glucides . . . . .179 g

Lipides . . . . .29 g

Acides gras saturés . . . . . .17 g

conseil

Choisissez toujours du chocolat d'excellente qualité. Essayez de casser le chocolat en morceaux de même grosseur afin qu'ils fondent en même temps.

1 Préchauffer le barbecue. Pour la sauce au chocolat, casser le chocolat en morceaux, faire fondre à feu doux avec le beurre dans une casserole, et incorporer le sucre et le lait concentré. Faire chauffer en remuant jusqu'à dissolution du sucre et épaississement de la sauce, transférer dans une jatte résistante à la chaleur et réserver au chaud à côté du barbecue.

2 Couper les tranches d'ananas en morceaux et piquer les morceaux d'ananas, de kiwis et les fraises sur plusieurs brochettes en bois préalablement trempées dans l'eau. Mélanger le beurre, la cannelle et le jus d'orange dans une jatte et badigeonner les fruits de beurre à la cannelle.

3 Faire cuire les brochettes 3 à 5 minutes au-dessus de braises chaudes, en les retournant et en les badigeonnant fréquemment de beurre à la cannelle, jusqu'à ce qu'elles soient dorées. Juste avant de servir, ajouter l'extrait de vanille et la liqueur au café à la sauce au chocolat.

poires farcies

cuisson : 20 min   **préparation : 20 min**   **pour 4 personnes**

Il est fréquent de parsemer les fraises de poivre pour faire ressortir leur parfum, une pratique qui peut aussi s'appliquer à d'autres fruits.

VALEURS NUTRITIONNELLES

Calories 184

Protéines . . . . .1 g

Glucides . . . . .84 g

Lipides . . . . .3 g

Acides gras saturés . . . . . . .2 g

INGRÉDIENTS

2 cuil. à café de beurre, pour graisser

4 poires fermes

2 cuil. à soupe de jus de citron

4 cuil. à soupe de sirop d'églantine

1 cuil. à café de grains de poivre vert légèrement écrasés

140 g de groseilles

4 cuil. à soupe de sucre

crème glacée, en accompagnement

conseil

Choisissez de préférence des poires à peine mûres et laissez-les mûrir à température ambiante. Les poires Conférence sont les meilleures pour confectionner ce dessert.

1 Préchauffer le barbecue. Découper 4 carrés de papier d'aluminium suffisamment grands pour envelopper une poire et beurrer. Couper les poires en deux, retirer les cœurs sans les éplucher, et badigeonner les surfaces coupées de jus de citron. Placer 2 moitiés de poire sur chaque carré de papier d'aluminium, badigeonner de sirop d'églantine et parsemer de poivre.

2 Mettre les groseilles dans une jatte, saupoudrer de sucre et garnir les poires de groseilles sucrées. Replier les bords de chaque carré pour fermer les papillotes.

3 Faire cuire les poires en papillotes 20 minutes au-dessus de braises chaudes et servir immédiatement avec de la crème glacée.

fruits au sirop d'érable

pour 4 personnes préparation : 20 min cuisson : 10 min

Les fruits coupés, enrobés de sauce au sirop d'érable, sont cuits au barbecue dans de petites papillotes.

INGRÉDIENTS

1 papaye

1 mangue, pelée et dénoyautée

2 bananes

2 pêches, coupées en deux, dénoyautées et pelées

1 melon d'Espagne, coupé en deux et épépiné

115 g de beurre, coupé en dés

4 cuil. à soupe de sirop d'érable

1 pincée de poudre de quatre-épices

VALEURS NUTRITIONNELLES

Calories 383

Protéines . . . . .2 g

Glucides . . . . .82 g

Lipides . . . . .24 g

Acides gras saturés . . . . . .16 g

conseil

Essayez de trouver du sirop d'érable « pur » ou « 100 pour 100 », qui est assez coûteux. Vous pouvez mélanger des variétés meilleur marché avec d'autres types de sirop.

1 Préchauffer le barbecue. Découper 4 grands carrés de papier d'aluminium. À l'aide d'un couteau tranchant, couper la papaye en deux, épépiner et couper chaque moitié en épaisses tranches. Retirer la peau. Couper la mangue en épaisses tranches, dénoyauter et retirer la peau. Couper la chair en tranches.

Éplucher les bananes et les couper en deux dans la longueur. Émincer les moitiés de pêches. Couper les moitiés de melons en minces quartiers et les peler. Répartir les fruits sur les carrés de papier d'aluminium.

2 Mettre le beurre et le sirop d'érable dans un robot de cuisine, mixer jusqu'à obtention d'une crème onctueuse et partager le beurre parfumé entre les papillotes de fruits. Saupoudrer de poudre de quatre-épices et replier les bords de chaque feuille pour fermer les papillotes.

3 Faire cuire les fruits 10 minutes au-dessus de braises pas trop chaudes en les retournant de temps en temps, retirer les papillotes du feu et servir immédiatement.

bananes grillées

cuisson : 6 à 8 min   **préparation : 10 min**   **pour 4 personnes**

Les bananes sont particulièrement douces et onctueuses quand elles sont grillées dans leur peau.

VALEURS NUTRITIONNELLES
Calories 284
Protéines . . . . .2 g
Glucides . . . . .79 g
Lipides . . . . .12 g
Acides gras saturés . . . . . . .8 g

INGRÉDIENTS

3 cuil. à soupe de beurre, en pommade

2 cuil. à soupe de rhum ambré

1 cuil. à soupe de jus d'orange

4 cuil. à soupe de sucre de canne

1 pincée de cannelle en poudre

4 bananes

zeste d'orange, pour décorer

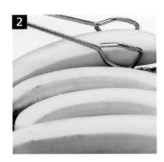

1 Préchauffer le barbecue. Battre le beurre avec le rhum, le jus d'orange, le sucre et la cannelle dans une petite jatte, jusqu'à obtention d'une crème lisse.

2 Faire cuire les bananes non pelées 6 à 8 minutes au-dessus de braises chaudes en les retournant fréquemment, jusqu'à ce que leur peau soit noire.

3 Transférer les bananes sur des assiettes, entailler partiellement la chair dans la longueur et répartir le beurre aromatisé dans les bananes. Décorer de zeste d'orange et servir.

conseil

Coupez les bananes en deux dans la longueur, étalez le beurre sur les faces coupées et reformez la banane. Enveloppez de papier d'aluminium et faites cuire 5 à 10 minutes au-dessus de braises pas trop chaudes.

index